© KERLE
in der Verlag Herder GmbH, Freiburg im Breisgau 2011
Alle Rechte vorbehalten
www.kerle.de

Umschlaggestaltung: ReclameBüro Russer
Satz: Weiß-Freiburg GmbH, Graphik & Buchgestaltung
Herstellung: Himmer, Augsburg

Gedruckt auf umweltfreundlichem, chlorfrei gebleichtem Papier
Printed in Germany

ISBN 978-3-451-71063-6

Sylvia Schopf

Goethe für Kinder
in Geschichten erzählt

Mit Illustrationen
von Yvonne Hoppe-Engbring

Freiburg · Wien · Basel

Inhalt

Vorwort 8
Zu Besuch im „Goethe-Kosmos"

Götz von Berlichingen (1773) 10
Ein Freund wird zum Feind – Eine Rittergeschichte

Die Leiden des jungen Werther (1774) 28
Tragische Geschichte einer unglücklichen Liebe

Erlkönig (1782) 42
Von unheimlichen Mächten bedroht

Iphigenie auf Tauris (1786) 46
…und die Sehnsucht nach der Heimat bleibt

Reineke Fuchs (1793) 62
List und Tücke und andere Bosheiten – Eine bissig-bitter-süße
Erzählung aus dem Reich der Tiere

Hermann und Dorothea (1797) 82
Eine Liebe mit Hindernissen – oder ein Sohn geht seinen Weg

Der Zauberlehrling (1797) 96
Übermut tut nicht gut!

Faust – erster Teil (1808) 102
Tragische Geschichte um Wissensdrang und Lebenslust

Wissenswertes zu den Werken 118

Des Dichters langer Lebenslauf in Kürze 122

Zu Besuch im „Goethe-Kosmos"

Keine Frage: Goethe gehört zu den Großen der Weltliteratur. Aber warum sollten wir uns mit seinen Werken beschäftigen? Haben seine Theaterstücke, Romane, Gedichte und Erzählungen überhaupt noch etwas mit uns heute zu tun? Mein erster Kontakt mit Texten von Goethe war während meiner Schulzeit – und es war eine Herausforderung. Vor allem die Sprache irritierte mich, schien mir fremd und zuweilen unverständlich und erschwerte das Lesen. Doch wenn es mir gelang, zur Geschichte vorzudringen, war ich jedes Mal überrascht, welche spannenden Themen und Typen mich erwarteten. Mit der Zeit lernte ich diesen vielfältigen „Goethe-Kosmos" immer mehr kennen und traf Hexen, Zauberer und Teufel ebenso wie skrupellose Bösewichter und Intriganten, tugendhafte Ritter, herrische Könige, Befreundete und Befeindete, ungewöhnliche Künstlergestalten, Lebens-Sinn-Sucher, Eltern und Kinder mit ihren Problemen und jede Menge glücklich und unglücklich Verliebte. Zu Letzteren gehört *Werther*, ein leidenschaftlicher, junger Mann, der an seiner Liebe zugrunde geht. Doch zum Glück endet Liebe nicht immer so tragisch. Ein gutes Ende findet sie z. B. bei *Hermann und Dorothea*. Allerdings hat Hermann neben seinen Gefühlen für Dorothea noch ein anderes Problem zu meistern: Er entspricht ganz und gar nicht den Wunschvorstellungen und Anforderungen seiner Eltern.

Fragen, Überlegungen, Möglichkeiten – immer muss sich der Mensch entscheiden: für die Wahrheit oder die Lüge, das Gute

oder das Böse… Einer, der klar seine Wahl getroffen hat, ist *Reineke Fuchs*. Ungläubig und staunend erlebt man, wie sich ein skrupelloser Lügner trotz aller Übertretungen am Ende erfolgreich durchsetzt und sogar Karriere macht!

Ganz anders läuft die Geschichte beim wissensbegierigen Gelehrten *Faust*. Er, der Sinnsucher, verkauft seine Seele dem Teufel und lädt Schuld auf sich, um allwissend zu werden. Schuld ist auch ein Thema von *Iphigenie*, die sich mit dem Fluch, den ein Vorfahre verursacht hat, auseinandersetzt und ebenfalls mit der Tatsache, dass sie – wie viele Menschen heute – in einem fremden Land leben muss und sich nach zu Hause, den Eltern, der Familie sehnt.

Vom traurigen Scheitern einer Freundschaft erzählt die Geschichte des Ritters *Götz von Berlichingen* und ins Reich der magischen Kräfte führt *Der Zauberlehrling*. Dass der neugierige Zauber-Azubi unbedingt seine magischen Fähigkeiten erproben will, ist einerseits verständlich, hat aber weitreichende Folgen. In der Geschichte vom *Erlkönig* ist das Verhalten des Vaters folgenreich, ja sogar tödlich: Er schenkt den Worten seines Sohnes nicht genug Beachtung.

Magie und Zauber… Leben in der Fremde… unglückliche Liebe… gescheiterte Freundschaft… Probleme zwischen Eltern und Kindern … Macht und Ohnmacht … Wahrheit und Lüge … gefährliche Neugierde… Gut und Böse… reichhaltig ist der „Goethe-Kosmos", in den dieses Buch einen Einblick gibt. Und vielleicht machen die hier erzählten Geschichten Appetit auf noch mehr Goethe!

Götz von Berlichingen mit der eisernen Hand

Ein Freund wird zum Feind
- Eine Rittergeschichte -

Personen

Götz von Berlichingen, stolzer und mutiger Ritter
Elisabeth, seine Frau
Maria, seine jüngere Schwester
Franz von Sickingen, ein mit Götz befreundeter Ritter
Bischof von Bamberg
Albrecht von Weislingen, rechte Hand des Bischofs
Adelheid von Walldorf, attraktive Witwe am Bischofshof

Zeit und Orte

Verschiedene Schauplätze zwischen Heilbronn,
der Burg des Götz von Berlichingen bei Jagsthausen
und dem Hof des Bischofs in Bamberg
zum Ende des Mittelalters und dem Beginn der Neuzeit

„Was den Fürsten in ihren Kram dient, da sind sie hinterher, und gloriieren von Ruh und Sicherheit des Staates, bis sie die Kleinen unterm Fuß haben."
(Götz, 1. Akt)

Fünf Tage und fünf Nächte waren vergangen, seit Götz von Berlichingen mit einem bewaffneten Trupp Reiter seine Burg verlassen hatte, um gegen den Bischof von Bamberg zu ziehen, mit dem er schon seit Längerem im Streit lag. Der sechste Tag neigte sich nun dem Ende zu. Die Sonne stand schon tief und schickte ihre letzten Strahlen in den gemütlichen Wohnraum der Burg. Elisabeth, die Ehefrau des Götz von Berlichingen, stand am Fenster und schaute besorgt in die Ferne.

„Muss der Papa denn immer ausreiten, wenn's so gefährlich ist?", fragte der kleine Junge, der artig auf einem Schemel saß und ein Buch in seinen Händen hielt.

„Ach Carl!", Elisabeth warf ihrem Sohn ein liebevolles Lächeln zu. „Weißt du, dein Vater ist ein rechtschaffener Ritter, der anderen hilft, wenn ihnen Unrecht geschehen ist. Erinnerst du dich, wie er neulich ausgeritten ist, um einem armen, betrogenen Schneider zu helfen?"

Das Kind hatte aufmerksam zugehört, doch jetzt sprang es plötzlich auf. „Der Papa! Der Papa! Der Türmer bläst's!" Freudig rannte der Junge zur Tür, die Treppe hinunter und auf den Burghof. Dort schwang sich gerade eine mächtige Gestalt in schwerer Rüstung vom Pferd. Bewundernd, aber auch ein wenig ängstlich, blieb das Kind im gebührenden Abstand stehen. Götz übergab seinem Knappen Pferd und Helm, dann begrüßte er seinen Sohn mit donnernder Stimme und streckte ihm seine Lin-

ke entgegen, denn an der anderen trug er einen unbeweglichen, starren Handschuh aus Eisen. Der ersetzte ihm die rechte Hand, die er bei einem Gefecht verloren hatte. Deshalb nannte man ihn auch „den Ritter mit der eisernen Hand".

Hinter Berlichingen war ein großer, hagerer Mann von seinem Pferd gestiegen. Er trug keine Ritterrüstung, sondern war nach der neuesten Mode der Adligen gekleidet: bunter Wamst, samtener Umhang und auf dem Kopf eine tellergroße Mütze mit einer langen, wippenden Feder.

„Wer ist der Mann?", fragte der Junge und beäugte den Fremden, der steif und regungslos dastand.

„*Grüß ihn. Bitt ihn, er soll lustig sein.*" Götz lachte laut und herzhaft, und der Kleine streckte dem Fremden artig seine Rechte entgegen.

„*Da Mann! Hast du eine Hand, sei lustig, das Essen ist bald fertig.*" Die starren Gesichtszüge des Mannes lösten sich. Gerührt hob er das Kind in die Höhe. „So ein braves Kind! Was für ein Glück!"

„Oh! *Wo viel Licht ist, ist starker Schatten*", seufzte Götz. „Leider gerät mein Sohn so gar nicht nach mir. Ängstlich ist er und ihm fehlt der ritterliche Tatendrang. Lernt lieber fromme Geschichten! Doch wozu?" Berlichingen schüttelte unwirsch den Kopf.

„Aber lernen ist doch nichts Schlechtes", warf eine sanfte Stimme ein.

Götz drehte sich um.

„Maria!", rief er freu-

dig und wandte sich an den anderen. „Erinnerst du dich noch an Maria, meine Schwester? Und da ist auch meine Frau."
Elisabeth kam mit raschen Schritten auf die Gruppe zu. Man begrüßte sich höflich. Dann nahm Berlichingen seinen Gefangenen mit in die Ritterstube und bot ihm freundlich einen Platz an. Der andere blieb mit versteinerter Miene im Raum stehen. Götz holte eine Flasche Wein und zwei Becher und setzte sich gut gelaunt an den Tisch. „Bis das Essen fertig ist, wollen wir wie in guten alten Zeiten einen trinken."
„Die sind vorbei!", erwiderte der andere kühl. „Ich bin jetzt dein Gefangener."
Götz ließ sich nicht beirren, nahm seinen Becher, prostete dem anderen zu und begann, munter über die gemeinsame Vergangenheit zu reden. „Erinnerst du dich, Weislingen, als wir beim Markgrafen in der Ausbildung waren? Castor und Pollux nannte er uns! Und war's nicht auch so, dass wir in unserer Jugend wirklich wie zwei unzertrennliche Brüder waren?" Götz nahm einen kräftigen Schluck Wein und sein lautes Lachen erfüllte den Raum. Dem anderen waren die Erinnerungen an das gemeinsam Erlebte sichtlich unangenehm. Er wusste nicht, wohin er schauen sollte, während Götz ungeniert weitersprach. „Weißt du, ich verstehe bis heute nicht, warum du dein freies Leben als Ritter aufgegeben hast und als Höfling in den Dienst des Bamberger Bischofs gegangen bist."
Berlichingen schüttelte missmutig den Kopf. „Der Bischof! Nimmt meinen Knappen gefangen und lehnt jegliche Verhandlungen ab. Ist das eine Art? Sag selbst: Was blieb mir da anderes übrig, als dich, der du seine rechte Hand bist, in meine Gewalt

zu bringen? Kann doch meinen Knappen nicht im Stich lassen."

„Du siehst es nur von deiner Seite aus, aber es sind neue Zeiten angebrochen", erklärte Albrecht von Weislingen seinem ehemaligen Jugendfreund und setzte sich nun endlich zu ihm an den Tisch. „Wir können nicht mehr wie früher als Raubritter umherziehen. Es gibt jetzt Gesetze und Verordnungen und die Fürsten und Bischöfe sorgen für deren Einhaltung."

„Gesetze! Verordnungen! Dass ich nicht lache!", wetterte Götz und schlug mit seiner eisernen Hand auf den Tisch, dass es krachte. „Bei allem, was die Fürsten und Bischöfe tun, geht es ihnen immer nur um ihren eigenen Vorteil und dafür scheuen sie vor nichts zurück. Ich bin ihnen ein Dorn im Auge, weil ich die alten Rittertugenden hochhalte. Mut. Tapferkeit. Wahrhaftigkeit. Das gefällt ihnen nicht und deshalb schwärzen sie mich ständig beim Kaiser an. Und du, Weislingen", seufzte Berlichingen, „bist ein Werkzeug in ihren Händen. Du, der du einst ein freier Ritter wie ich warst, hast dich von ihnen abhängig gemacht."

Götzens Worte, so ehrlich, so deutlich, so klar und ohne Häme vorgebracht, beeindruckten den einstigen Freund, und je länger Götz sprach, desto nachdenklicher wurde Weislingen. Hatte Berlichingen vielleicht recht? Wie abhängig war er schon von der Gunst des Bischofs? Wäre ein Leben als freier Ritter besser?

„Ich kann und will dich nicht als Gefangenen hierbehalten", sagte Götz am Ende des langen Gesprächs. „Du bist frei. Du kannst gehen, aber auch gerne noch mein Gast bleiben."
Und Weislingen blieb. Noch einen Tag. Zwei Tage. Drei. Eine Woche. Zwei Wochen – und dann stand fest, dass er nicht mehr an den Hof des Bischofs zurückkehren würde. Vielleicht auch wegen Maria, der hübschen Schwester von Götz. Die junge Frau hatte Albrecht von Weislingen vom ersten Augenblick an gefallen. Auch Maria war ihm sehr zugetan. Die beiden kamen sich näher und bald schon feierte man auf der Burg ihre Verlobung. Weislingen war entschlossen, sein Leben als Ritter wieder aufnehmen und mit Maria auf seine Burg zu ziehen.

* * *

Der Bischof von Bamberg war keineswegs bereit, seinem Erzfeind, dem Berlichingen, Albrecht von Weislingen zu überlassen. Mit seinen Vertrauten schmiedete er Pläne, wie man den Abtrünnigen wieder an den Hof zurückholen könnte. *„Mit Weibern, Fürstengunst und Schmeichelei lässt sich bestimmt etwas machen"*, riet Liebetraut, ein durchtriebener Höfling des Bischofs. Er bot sich an, die nötigen Maßnahmen zu treffen. Der Bischof war einverstanden, und kurz darauf machte sich der listige Mann auf den Weg.
Es war nicht schwer, den wankelmütigen Weislingen nach Bamberg zu locken. Mit dem Vorsatz, die Unterlagen für seinen Nachfolger zu ordnen und dem Bischof seine Entscheidung zu erklären, kam Weislingen an den Hof. Als alles erledigt war, wollte er zu Götz und seiner Verlobten zurückkehren. Doch da erhielt er überraschend eine verlockende Einladung. Adelheid von Walldorf, die

am Hofe des Bischofs lebte, wollte ihn unbedingt kennenlernen. Weislingen, der von Liebetraut und seinem Knappen schon viel von der schönen Witwe gehört hatte, fühlte sich geschmeichelt, überlegte nicht lange und folgte der Einladung. Weislingen war wie geplant in die Falle getappt. Mühelos gelang es der attraktiven Witwe, ihm den Kopf zu verdrehen. Bereitwillig warf er all seine Pläne über den Haufen, um am Hofe des Bischofs zu bleiben. Vergessen waren der Treueeid, den er Götz geschworen, und das Eheversprechen, das er dessen Schwester Maria gegeben hatte. Es dauerte nicht lange, da heiratete Weislingen die schöne Witwe. Mit seinem ehemaligen Freund wollte er fortan nichts mehr zu tun haben und verweigerte jeden Kontakt.

Berlichingen war tief getroffen, als er davon erfuhr. Den Jugendfreund hatte er nun schon zum zweiten Mal verloren! Noch dazu an seinen ärgsten Feind. Aber es sollte noch schlimmer kommen.

Albrecht von Weislingen geriet immer mehr unter den Einfluss seiner Frau. Listig und ohne Skrupel hetzte sie ihren Mann – wie es der Bamberger Bischof wünschte – gegen den einstigen Freund auf. Sie prangerte Götz als Feind des Reiches und des Königs, als Feind der bürgerlichen Ruhe und Glückseligkeit, als Raubritter, ja sogar als Kriminellen an! Vor nichts scheute die hinterhältige Schöne zurück, um ihren Mann gefügig zu machen. So klagte sie eines Tages: „Wie sehr habe ich mich doch in Euch getäuscht. Meine Liebe galt einem Mann, der die Geschäfte des Fürstentums belebt, der eifrig seinen Ruhm vermehrt. Doch Ihr seid ein Müßiggänger, ein untätiger Melancholiker, den ich – verzeiht! – nicht länger lieben kann."

16

Weislingen war betroffen. Er beeilte sich, seiner Frau zu erklären, wie falsch sie ihn doch einschätze. „Was glaubt Ihr, was ich nicht alles tue, um unseren Feind auszuschalten!", ereiferte er sich. „Demnächst werde ich beim Reichstag in Augsburg sein und dort mit dem Kaiser sprechen. Ich bin guten Mutes, dass ich Berlichingen schon bald zur Strecke gebracht haben werde." Adelheid lächelte zufrieden und reichte ihrem Gatten gönnerhaft ihre Hand, auf die er einen leidenschaftlichen Kuss drückte. Von dem Wunsch angetrieben, sich seiner Ehefrau würdig zu erweisen, machte sich Weislingen wenige Tage später auf den Weg nach Augsburg.

Tatsächlich gelang es ihm, den Kaiser in ein Gespräch zu verwickeln. Doch da traten auf einmal zwei edel gekleidete Männer hinzu, warfen sich dem Herrscher demütig zu Füßen und begannen zu lamentieren. Weislingen war im ersten Moment ungehalten über die Unterbrechung. Doch sie sollte sich als Glücksfall für sein Vorhaben erweisen. Die Männer waren Nürnberger Kaufleute, die sich bitter über Götz von Berlichingen und dessen Verbündete beklagten. „Wir waren auf der Heimreise von der Frankfurter Messe. Da haben sie uns überfallen und ausgeraubt. Wir bitten Eure durchlauchtigste Majestät untertänigst um Hilfe!" Die beiden Bittsteller hatten ein verzagtes Gesicht aufgesetzt. „Wenn ein Kaufmann einen Pfeffersack verliert, soll ich deswegen gleich das ganze Reich mobilisieren?", brummte der

Herrscher missmutig und jagte die beiden Männer ärgerlich davon. Er war diese ewigen Fehden und Streitereien leid. Und selbst wenn man dem Berlichingen manchen Fehltritt vorwerfen konnte, so war er doch ein treuer und tapferer Mann.

„Aber Majestät!" Weislingen, der die Gunst des Augenblicks erkannt hatte, gab sich besorgt. „Soll das ewig so weitergehen mit Berlichingen? Bedenkt nur, wie viel Unruhe und Aufruhr im Land herrschen wegen Leuten wie ihm. Haben wir aber erst mal einen wie den Berlichingen bezwungen, wird sich das Übrige schon ergeben."

„Ihr ratet zur Strenge?", erkundigte sich der Kaiser.

„Ehrlich gesagt, ich sehe kein anderes Mittel, die Schwierigkeiten zu bannen, die das ganze Land zunehmend ergreifen und sogar Eure Herrschaft gefährden könnten."

Weislingen schaute verstohlen zum Kaiser. Der schwieg. Nach einer langen Weile antwortete er müde: „Gut! Dann soll man gegen die Unruhestifter vorgehen. Aber", so fügte er mahnend hinzu, „ich will nicht, dass dem Berlichingen was zuleide getan wird. Man soll ihn gefangen nehmen und auf seine Burg bringen. Dann soll er schwören, dass er fortan dort bleibt und Ruhe bewahrt."

„Sehr wohl Majestät!" Weislingen verneigte sich ehrfürchtig und ließ sich seinen Triumph nicht anmerken. Er hatte es geschafft! Endlich würde es Götz an den Kragen gehen. Und Adelheid würde staunen, was er alles zustande brachte!

* * *

Berlichingen saß ahnungslos auf seiner Burg zusammen mit seinem alten Kumpanen und Verbündeten Franz von Sickingen, der

gekommen war, um Götzens Schwester einen Heiratsantrag zu machen.

„Du weißt, dass sie dem Weislingen sehr zugetan war. Und du willst Maria trotzdem heiraten?" Götz fuhr sich nachdenklich über seinen buschigen Bart.

„Na, soll die Arme etwa ins Kloster gehen, nur weil der erste Mann, den sie kannte, ein Nichtswürdiger war?" Von Sickingen hob seinen Becher und prostete Götz zu. „Also dann: Schwager!" Klirrend stießen die Trinkgefäße aneinander, als der Knappe eintrat und eine Nachricht brachte. Sie trug das Siegel des Kaisers. Arglos öffnete Götz die Botschaft. Sein Gesicht verfinsterte sich. „Der Kaiser verhängt den Bann über mich." Fassungslos reichte er seinem zukünftigen Schwager den Brief.

„Das werden wir nicht zulassen!", antwortete Franz von Sickingen kurz und entschlossen.

* * *

Auf beiden Seiten machte man sich zum Kampf bereit. Albrecht von Weislingen rüstete ein Heer, um Berlichingen gefangen zu nehmen. Der hatte seine Verbündeten um sich versammelt und zog entschlossen gegen die anrückenden Soldaten. Mit Mut und Tapferkeit stellten sich Götz und die Seinen der feindlichen Übermacht entgegen. Sie konnten einige Kämpfe für sich entscheiden, doch dann erlahmten ihre Kräfte. Nach einer letzten erbitterten Schlacht gelang es Götz nur mit knapper Not, sich auf seiner Burg in Sicherheit zu bringen. Die feindlichen Heere rückten nach und umzingelten die Burg. Doch Götz war entschlossen, der Belagerung standzuhalten.

Nach einigen Tagen erschien am Burgtor eine Abordnung. „Was gibt's?", donnerte eine ärgerliche Stimme. Finster blickte Berlichingen vom Fenster auf die feindlichen Reiter hinunter. Als er hörte, was sie von ihm verlangten, hob er drohend seine eiserne Rechte. „*Mich ergeben!*", rief er erbost. „*Mit wem redet Ihr! Bin ich ein Räuber!* Sag deinem Hauptmann, vor seiner kaiserlichen Majestät habe ich immer Respekt. Er aber, sag's deinem Hauptmann, *er kann mich im Arsch lecken*!" Wütend wurde das Fenster zugeschlagen – und die Belagerung dauerte an.

Von seinem alten Kumpanen Franz von Sickingen erfuhr Götz, wer hinter dem Angriff und der Belagerung steckte. Albrecht von Weislingen! Götz konnte und wollte es nicht glauben. Was hatte den einstigen Freund nur so gegen ihn aufgebracht? Als die Vorräte immer knapper wurden, entschloss sich Götz schweren Herzens, mit den Belagerern zu verhandeln. Man versprach ihm und seinen Leuten freien Abzug. Doch kaum hatten Götz und die Seinen die sicheren Burgmauern verlassen, wurden sie gefangen genommen, nach Heilbronn gebracht und ins Gefängnis geworfen. Götz stellte man vor Gericht und klagte ihn an, sich gegen den Kaiser und das Reich rebellisch verhalten zu haben.

„Niemals!" Wütend sauste Götzens eiserne Hand auf den Tisch im Gerichtssaal. „Ich war dem Kaiser immer treu ergeben." Als ihn einer der Gerichtsherrn dann auch noch einen Räuber nannte, war's mit seiner Beherrschung vorbei. Zornig ging Götz auf die Richter los. Doch bevor es zu Handgreiflichkeiten kommen konnte,

hallten schwere Schritte durch den Flur und die mächtige Eichentür des Gerichtssaales wurde energisch aufgestoßen. Götz traute seinen Augen nicht. Da stand Franz von Sickingen mit seinen Rittern! Der Schwager war ihm zu Hilfe geeilt. Doch nicht mit Waffengewalt, sondern durch geschickte Verhandlung setzte sich Franz von Sickingen für Götz ein. Nachdem Berlichingen versprochen hatte, sich auf seine Burg zurückzuziehen und sich künftig von allen Kämpfen und Fehden fernzuhalten, ließ man ihn und seine Leute noch am selben Tag frei.

Weislingen war verärgert, als er von der Freilassung erfuhr. Alles war so gut eingefädelt gewesen und dann kam ihm dieser Sickingen dazwischen und brockte ihm eine Niederlage ein! Aber so schnell würde er nicht aufgeben! Angetrieben von seiner Frau und dem Bischof hatte Weislingen inzwischen einen abgrundtiefen Hass gegen den einstigen Jugendfreund entwickelt. Er wünschte ihm den Tod und nichts als den Tod. Bestimmt würde es Götz nicht lange durchhalten, tatenlos auf seiner Burg zu sitzen, da war sich Weislingen sicher. Und so lauerte er auf seine nächste Chance, um zuzuschlagen.

* * *

Das Nichtstun fiel Berlichingen tatsächlich sehr schwer. *„Der Müßiggang will mir gar nicht schmecken!"*, hörte man ihn immer wieder brummen, wenn er niedergeschlagen durch die Burg schlich. Zwar hatte er auf Anraten von Elisabeth begonnen, seine Lebenserinnerungen aufzuschreiben. Doch was war das Schreiben gegen ein tätiges Leben als Ritter! Die Mauern der Burg wurden ihm mehr und mehr zum Gefängnis, und Götz wurde von Tag zu Tag verdrossener. *„Unsere Bahn geht zu*

Ende", dachte er betrübt. Immer tiefer gruben sich die Furchen des Kummers in sein alterndes Gesicht.

Bald brachen blutige Aufstände im ganzen Land aus. Die Bauern hatten sich zusammengeschlossen und rebellierten gegen ihre Unterdrücker, die Adligen. Die ließen ihre Truppen gegen die Rebellen aufmarschieren. Gräueltaten überzogen das ganze Land. Es wurde geplündert und gemordet, Häuser und Dörfer in Brand gesteckt. Mit Bestürzung verfolgte Götz von seiner Burg aus, wie die Aufständischen immer blutrünstiger wüteten. Wo sollte das noch hinführen? Dann erreichte ihn eines Tages eine Nachricht der Rebellen. Er verließ seine Burg, um sich mit ihnen zu treffen. Entschieden wies er jedoch ihr Anliegen zurück, sich als Anführer an die Spitze des Aufstandes zu stellen. Er hatte dem Kaiser sein Wort gegeben, sich von Fehden und Kämpfen fernzuhalten. Er konnte unmöglich wortbrüchig werden.

„Aber es braucht jemanden wie Euch, dem man Vertrauen entgegenbringt. Einen, den die Leute achten. Nur Ihr könnt Schlimmeres verhindern!" Eindringlich redeten die Männer auf ihn ein, versuchten Götz zu überreden und schließlich drohten sie sogar, seine Burg anzugreifen, sollte er sich verweigern. Der alte Ritter war hin- und hergerissen.

Weislingen triumphierte, als er erfuhr, dass Berlichingen mit den Aufständischen kämpfte und damit sein Versprechen gebrochen hatte. Dieses Mal würde er den verhassten Feind endlich zur Strecke bringen! Seine besten Leute schickte er gegen

Götz und die Aufständischen. Weislingen war siegessicher, doch er ahnte nicht, dass auch ihm große Gefahr drohte. Adelheid, die erreicht hatte, was sie wollte, war ihres Mannes überdrüssig geworden. Sie hatte sich einen Liebhaber gesucht und sann nach einer Möglichkeit, Weislingen aus dem Weg zu räumen.

* * *

Unter der Bedingung, dass die Gräueltaten und das blindwütige Morden aufhörten, hatte sich Berlichingen bereit erklärt, die Führung des Aufstandes zu übernehmen. Umgehend machte er sich mit seinem Knappen auf den Weg nach Miltenberg, das die Aufständischen belagerten. Doch als sie eine Anhöhe unweit der Stadt erreichten, sah Götz, wie sich in der Ferne dicke Rauchwolken ballten. Miltenberg brannte lichterloh! „Diese miserablen Verräter! Verfluchte Mörder!", donnerte Götz voll Wut und Entsetzen und schickte seinen Knappen los, um den Wortbrüchigen die Meinung zu sagen. „Und sag ihnen auch, dass sie sich einen anderen Anführer suchen sollen!" Der Knappe gab seinem Pferd die

Sporen und jagte davon. Beklommen schaute Götz ihm nach. Ahnte er, dass er seinen treuen Knappen nicht lebend wiedersehen würde?
Müde und enttäuscht blieb Berlichingen zurück: ein alter Ritter auf seinem Pferd, einsam und allein auf weiter Flur. *„Stirb Götz! – Du hast dich selbst überlebt, die Edlen überlebt"*, murmelte er niedergeschlagen, als plötzlich einige der Aufständischen in Panik die Anhöhe hinaufhetzten. Sie waren auf der Flucht. „Rette sich wer kann!", rief einer außer Atem. Da tauchten auch schon die ersten Reiter des feindlichen Heeres auf. Ehe er sich versah, war Götz in heftige Kämpfe verwickelt. Er schlug sich wie immer tapfer, wurde aber schwer verletzt. Trotzdem gelang es ihm zu fliehen. Das feindliche Heer verfolgte ihn unerbittlich, denn Weislingen hatte ihnen befohlen, Götz auf keinen Fall entkommen zu lassen. Gegen die Übermacht seiner Verfolger hatte der stark verwundete alte Mann keine Chance. Als man ihn

gefangen genommen hatte, brachte man Berlichingen nach Heilbronn ins Gefängnis.

* * *

Weislingen war auf seinem Schloss, als er die freudige Nachricht erhielt. Endlich war der Erzfeind besiegt! Genüsslich unterschrieb er das Todesurteil für den einstigen Freund. Dann ließ er sich das Essen schmecken, das ihm sein Knappe brachte. Einige Stunden später überfiel ihn starke Übelkeit und eine merkwürdige Schwäche. Er konnte sich nicht länger auf den Beinen halten und legte sich blass und bleich ins Bett. Derjenige, der den Grund für Weislingens Übel kannte, konnte von Gewissensbissen geplagt seinem Herrn nicht mehr in die Augen schauen.
Unerwartet bekam der kranke Weislingen Besuch. Eine gut aussehende Frau betrat seine Schlafkammer. Mühsam richtete er sich von seinem Krankenlager auf und erkannte sie sofort. Sie war älter geworden, aber sie war noch immer schön. Wunderschön! Maria, seine einstige Verlobte. Sie setzte sich zu ihm ans Bett, zeigte sich besorgt über seinen Gesundheitszustand und erzählte dann von ihrem Bruder. „Er vegetiert in einem düsteren Kerkerloch. Krankheiten nagen an ihm und seine schweren Verwundungen wollen nicht heilen. Mit jedem Tag, den er länger dort verbringt, schwinden seine Lebenskräfte. Könnt Ihr das zulassen, Albrecht? Helft ihm! Helft mir!" Maria blickte ihn so freundlich, so liebevoll, so flehend an, dass Weislingen zutiefst gerührt war. Warum nur hatte er sie damals verlassen? Er spürte, wie die alten Gefühle wieder wach wurden. Und auch Maria war ihm, trotz ihrer Heirat, noch immer zugetan. Er konnte nicht anders, raffte sich auf, ging zum Tisch, nahm das Papier

mit dem Todesurteil und zerriss es. Dann schickte er Maria fort, denn er wollte allein sein. Eine dunkle Ahnung überfiel ihn. Seine Lebenskräfte schienen zu schwinden. Da plötzlich stand sein Knappe vor ihm, fiel auf die Knie und gestand voller Reue, dass er ihm Gift ins Essen gemischt hatte. Im Auftrag Adleheids, in die der Knappe schon lange blind verliebt war. Dann stürzte der Verzweifelte aus dem Zimmer. Später fand man seinen leblosen Körper nahe der Burg. Er hatte seinem Leben freiwillig ein Ende gesetzt. Und auch Weislingen tat bald darauf seine letzten Atemzüge.

* * *

Maria hatte sich erleichtert auf den Weg nach Heilbronn gemacht, um ihrem Bruder die gute Nachricht zu bringen, dass Weislingen das Todesurteil aufgehoben hatte. Als sie zum Gefängnisturm kam, war der Kerker leer. Beunruhigt machte sie sich auf die Suche nach ihrem Bruder. Sie traf den Gefängniswärter, der sie in seinen Garten führte. Dort saßen Elisabeth und Götz auf einer Bank. Die Frühlingssonne warf ihre wärmenden Strahlen auf den alten, schwer kranken Mann, der andächtig in den zartblauen Himmel schaute. Götz wusste, dass seine Zeit zu Ende ging. Deshalb hatte er darum gebeten, noch einmal die

Sonne und den Himmel sehen zu dürfen. Noch einmal freie Luft zu atmen! Ein glücklicher, zufriedener Ausdruck lag auf seinem Gesicht. Tief sog er die Luft ein, dann murmelte er „Düster!", verstummte und setzte erneut zum Sprechen an: „Düster sieht die Zukunft aus. *Die Nichtswürdigen werden regieren mit List und der Edle wird in ihre Netze fallen.*" Er richtete sich noch einmal zu voller Größe auf. „*Himmlische Luft*", flüsterte er und ein Lächeln huschte über das alte, vom Tod gezeichnete Gesicht. „*Freiheit!*"

„*Nur droben, droben bei dir. Die Welt ist ein Gefängnis*", erwiderte seine Frau. Aber ihre Worte hörte der alte Götz schon nicht mehr.

„Schließt eure Herzen sorgfältiger als eure Tore.
Es kommen die Zeiten des Betrugs."
(Götz, 5. Akt)

Die Leiden des jungen Werther

Tragische Geschichte einer unglücklichen Liebe

Personen

Werther, ein leidenschaftlicher junger Mann
Lotte, eine gut aussehende, lebenslustige junge Frau
Albert, Lottes Verlobter und späterer Ehemann
Wilhelm, ein sehr guter Freund von Werther

Zeit und Orte

Die Ereignisse finden zwischen dem *4. Mai 1771*
und dem *24. Dezember 1772* statt,
in einer wenig angenehmen Stadt, in der Werther wohnt,
sowie an einem idyllischen Ort (genannt „Wahlheim"),
etwa eine Stunde von der Stadt entfernt

*„Ach wie mir das durch alle Adern läuft, wenn mein Finger unversehens
den ihren berührt, wenn unsere Füße sich unter dem Tische begegnen!"*
(Brief vom 16. Julius 1771)

„Was ist unserem Herzen die Welt ohne Liebe!"
(Brief vom 18. Julius 1771)

*W*as ich von der Geschichte des armen Werther nur habe auffinden können, habe ich mit Fleiß gesammelt und lege es euch hier vor, denn was dem unglücklich Verliebten alles geschah, was ihn beglückte und bedrückte und wie es zu dem kam, was sich am Weihnachtstage 1772 ereignete, mag manchen Leidensgenossen trösten. Ich will versuchen, so gewissenhaft wie möglich zu erzählen, was ich aus den Briefen Werthers an seinen Freund Wilhelm erfahren habe. Den ersten schrieb er am 4. Mai 1771, kurz nachdem er fortgegangen und in eine neue Heimat gezogen war.

Die ferne Stadt, in der er nun lebt, gefällt ihm nicht sonderlich. Doch zum Glück gibt es *rings umher eine unaussprechliche Schönheit der Natur,* die ihm *wunderbare Heiterkeit* beschert. Denn sein bisheriges Leben war sehr unruhig und kummervoll: So starb vor einiger Zeit die Frau, die er sehr liebte.

In der paradiesischen Landschaft findet er nun endlich Ruhe. Mehr noch, die Natur ist ihm eine Kraftquelle. Sie zieht ihn derart in ihren Bann, dass er gar nicht zum Arbeiten kommt und auch seine Leidenschaft, das Malen, vernachlässigt. Ja, selbst das Angebot seines Freundes, ihm seine geliebten Bücher nachzuschicken, schlägt er aus. Einzig die Schriften des griechischen Dichters Homer liest er, denn nur sie tragen dazu bei, sein aufgebrachtes Herz, seinen leidenschaftlichen, ungestümen Geist zu beruhigen. Unbeschwert streift Werther in seiner neuen Umgebung umher und entdeckt eines Tages einen Ort, der ganz

nach seinem Geschmack ist. Ich werde ihn „Wahlheim" nennen, so wie ich alle im Original befindlichen wahren Namen verändert habe.

Fortan zieht es Werther also immer wieder nach Wahlheim, ein idyllisches Dorf nahe einem Fluss und am Fuße eines Hügels gelegen, ungefähr eine Stunde von der Stadt entfernt, in der er lebt. Wann immer Werther nach Wahlheim kommt, kehrt er im Wirtshaus ein, trinkt Kaffee und liest seinen Homer.

Hier beobachtet er eines Tages zwei kleine Kinder, die am Feldrand sitzen und geduldig auf ihre Mutter warten. Er malt die beiden, deren Anblick ihn erfreut. Später lernt er auch die Mutter kennen: eine junge Frau, die in beneidenswert glücklicher Gelassenheit lebt, trotz all ihrer Schwierigkeiten. Ein anderes Mal macht er an diesem malerischen Ort die Bekanntschaft eines jungen Bauernburschen, der sich ihm anvertraut. Der Junge hat sich mit Haut und Haaren in seine Dienstherrin, eine verwitwete Bäuerin, verliebt. Die neuen Bekanntschaften und Erfahrungen erfüllen Werther zwar mit Freude, aber es fehlt ihm doch Gesellschaft, in der er sich wohlfühlt.

Dann vergehen viele Tage, in denen Werther nichts von sich hören lässt. Kein einziger Brief. Es ist bereits Mitte Juni, als er sich nach mehr als 14 Tagen wieder meldet.

„Kurz und gut, ich habe eine Bekanntschaft gemacht, die mein Herz näher angeht", erklärt er seinem Freund ohne Umschweife und erzählt, wie es dazu kam: Ein Mädchen aus der Stadt bat ihn, sie zu einem Ball aufs Land zu begleiten. Er willigt ein und mietet eine Kutsche. Es ist ein heißer Sommertag, als er mit dem Mädchen und deren Cousine aufbricht. Auf Bitten seiner beiden

Begleiterinnen machen sie einen Abstecher zu einem abgelegenen Jagdhaus, um eine junge Frau mitzunehmen, die ebenfalls zum Fest will. Sie sei ein gut aussehendes Frauenzimmer, erzählen ihm seine Begleiterinnen und warnen ihn sogleich, sich nicht in die junge Frau zu verlieben, denn sie sei schon vergeben!

Als sie vor dem Haus ankommen, bittet die Magd die drei, noch einen Augenblick zu warten. Werther steigt aus, schlendert auf das Haus zu und betritt neugierig die Wohnstube. Was er dort unverhofft zu sehen bekommt, beeindruckt ihn tief: Sechs Kinder unterschiedlichen Alters wimmeln *um ein Mädchen von schöner Gestalt, mittlerer Größe, die ein simples weißes Kleid, mit blassroten Schleifen an Arm und Brust, anhatte*. Die hübsche junge Frau hält einen großen Laib Brot im Arm, von dem sie für jedes Kind ein Stück abschneidet.

Werther ist begeistert von der ungekünstelten Heiterkeit der Kinder, vor allem aber von der jungen Frau, die sich so liebevoll und herzlich um ihre jüngeren Geschwister kümmert.

Im Laufe des Abends lernt er Lotte – so der Name der jungen Frau – näher kennen. Sie unterhalten sich, tanzen miteinander

und Werther erfährt, dass Lotte versucht, ihren Geschwistern die verstorbene Mutter, so gut es geht, zu ersetzen. Es sind nicht nur ihre Worte und Reden, die Werther beeindrucken, sondern auch ihre äußere Erscheinung: ihre *schwarzen Augen, die lebendigen Lippen, die frischen, munteren Wangen*. Beim Abschied bittet er Lotte, sie am nächsten Tag besuchen zu dürfen – sie willigt ein.

„*Seit der Zeit können Sonne, Mond und Sterne geruhig ihre Wirtschaft treiben, ich weiß weder dass Tag noch dass Nacht ist, und die ganze Welt verliert sich um mich her*", schreibt er seinem Freund. Keine Frage: Werther hat sich Hals über Kopf verliebt.

Von nun an besucht er Lotte so oft wie möglich. In ihrer Gegenwart ist er glücklich. Auch das Zusammensein mit ihren Geschwistern genießt er, tollt mit ihnen im Haus herum und schon bald hegen die Kinder freundschaftliche Gefühle für Werther. Um möglichst viel in Lottes Nähe zu sein, begleitet

er sie auf Spaziergängen und bei Besuchen – und jedes Zusammensein vertieft seine Zuneigung zu der lebensfrohen, jungen Frau, die sich den Menschen in ihrer Umgebung so einfühlsam zuwendet.

Werther ist glücklich wie nie zuvor in seinem Leben.

„*Was ist unserem Herzen die Welt ohne Liebe!*", schreibt er an seinen Freund und schwärmt von dem erregenden Gefühl, wenn sein Finger unversehens Lottes Finger berührt. Wenn sie im Gespräch wie selbstverständlich ihre Hand auf die seine legt. Wenn sie neben ihm sitzt, näher rückt, so nahe, dass er ihren Atem auf seinen Lippen zu spüren meint. Für ihn sind es Hinweise, dass seine Liebe erwidert wird.

Die beiden ersten Sommermonate des Jahres 1771 verbringt Werther in einem rauschhaften Gefühlstaumel, bis Ende Juli Lottes Verlobter von einer längeren Reise zurückkehrt. Nun ist alles schlagartig anders.

„*Meine Freude, bei Lotten zu sein, ist hin … Albert ist angekommen und ich werde gehen*", teilt er seinem Freund mit. Auch wenn er die ganze Zeit wusste, dass Lotte verlobt ist, wird ihm erst jetzt klar, was das bedeutet.

„Entweder du hast Hoffnung auf Lotte und kämpfst um sie oder du hast keine", schreibt ihm sein Freund Wilhelm und rät: „Gibt es keine Hoffnung, dann versuche, sie zu vergessen, deine *Empfindungen loszuwerden, die alle deine Kräfte verzehren.*"

Doch das ist einfacher gesagt als getan, denn es zieht ihn immer stärker zu Lotte. Wenn er sie besucht, versucht er, sie allein anzutreffen, denn Alberts Anwesenheit ist ihm unerträglich, obwohl der andere ein umgänglicher, sympathischer Mensch und

Werther freundschaftlich zugetan ist. Doch Werther erkennt schnell, dass er und Albert in ihrem Charakter sehr verschieden sind: rechtschaffen und vernünftig der eine, stürmisch und von leidenschaftlichen Gefühlen getrieben der andere.

Wie unterschiedlich sie dem Leben gegenüberstehen, zeigt sich in einem langen Gespräch, das sie über die Selbsttötung führen. Albert lehnt diese als Sünde und Zeichen von Schwäche vehement ab, während es für Werther nur allzu verständlich ist, dass ein Mensch in eine derart entsetzliche Herzensnot und Verzweiflung geraten kann, sodass er nur noch den Freitod als Ausweg wählen kann.

Immer drängender wird Werthers Liebe zu Lotte. Er träumt davon, sie zu umarmen und zu küssen. Gleichzeitig weiß er um die Aussichtslosigkeit seiner Wünsche und Begierden. Er taumelt zwischen leidenschaftlichem Sehnen und tiefer Trostlosigkeit. Natur und Bücher, die ihm einst Kraftquelle waren, haben für ihn keinerlei Bedeutung mehr. Sie ekeln ihn sogar. Werther hat das Gefühl, aus der Lebensbahn geschleudert worden zu sein. Immer wieder denkt er daran, fortzugehen. In manchem ausweglosen Moment sieht er die einzige Möglichkeit im Tod. *„Ich sehe dieses Elendes kein Ende als das Grab"*, schreibt er seinem Freund am 30. August 1771.

Bald darauf steht sein Entschluss fest. Er verabredet sich mit Albert und Lotte zu einem letzten Treffen. Es ist eine laue Mondnacht Anfang September, als sie zu dritt bei Lotte im Garten zusammensitzen. Große Unruhe plagt Werther, doch schließlich lauscht er andächtig Lottes Reden, verliert aber kein Wort über seinen Abschied. Als sie sich trennen, schaut er Lotte lange hin-

terher, erfüllt von brennender Sehnsucht. Er kann den Blick nicht abwenden, obwohl die geliebte Frau schon lange nicht mehr zu sehen ist.

Gut sechs Wochen vergehen, ohne dass es ein Lebenszeichen von Werther gibt. Der Oktober geht zu Ende, da meldet er sich zum ersten Mal wieder bei seinem Freund.
Werther ist inzwischen in den Dienst eines Grafen getreten, für den er als Sekretär tätig ist. Die Arbeit nimmt ihn sehr in Beschlag. Sie bringt ihn nicht nur auf andere Gedanken, sondern auch mit anderen Menschen zusammen und hilft ihm, seine Einsamkeit zu überwinden. Werther ist guten Mutes. Doch der Gesandte, für den er arbeitet, entpuppt sich bald als bürokratischer und gefühlsarmer Mensch, *„umständlich wie eine Base; ein Mensch, der nie mit sich selbst zufrieden ist"*.
Zunehmend fühlt sich Werther in seiner neuen Umgebung unwohl. Überall herrschen Eifersucht und Neid und jeder ist nur auf seinen eigenen Vorteil bedacht. Es ist eine satte und gleichgültige Gesell-

schaft, in der kein Platz für Leidenschaften und Empfindungen ist. Werther fühlt sich wie in einen Käfig gesperrt.

Bei einem Fest erfährt er den adligen Standesdünkel am eigenen Leib: Man fordert ihn auf, die adlige Tischgesellschaft zu verlassen, weil er „nur" ein Bürgerlicher ist. Werther ist verärgert und verletzt.

* * *

Ein gutes halbes Jahr hält er es aus, dann wird ihm die Enge des Denkens, die Gefühllosigkeit und die Langeweile der adligen Kreise unerträglich. Er gibt seine Anstellung wieder auf und reist ab.

Nach einem Abstecher zu den Stätten seiner Kindheit fährt er weiter auf das Jagdschloss eines Fürsten, der ihn eingeladen hat. Insgeheim hegt Werther die Hoffnung, mithilfe seines Gastgebers eine Anstellung als Soldat zu finden, um in den Krieg zu ziehen. Doch das redet ihm der Fürst rasch aus. Nun gibt es für Werther keinen Grund mehr zu bleiben und er reist ab.

Es zieht ihn wieder in die Nähe von Lotte, auch wenn sie inzwischen, wie er weiß, mit Albert verheiratet ist.

Wie früher nimmt er die Besuche bei ihr wieder auf. Ungebrochen heftig lodert seine Leidenschaft. Er träumt davon, dass die Angebetete seine eigene Ehefrau wäre und nicht die eines Mannes, dem es – seiner Meinung nach – an Empfindsamkeit ebenso wie an Kunstsinn mangelt. Er wirft Albert insgeheim vor, Lotte nicht genug zu lieben. *„Sie wäre mit mir glücklicher geworden als mit ihm!"*, schreibt er dem Freund und stellt sich vor, wie es wäre, wenn Albert stürbe.

Eifersucht quält Werther, und immer drängender, immer verbissener brodelt die unerfüllte Liebe in seinem Inneren. Übermächtig ist seine Liebe für Lotte, die doch die Frau eines anderen ist. Er sehnt sich nach ihr und gleichzeitig zerreißen ihn Schmerz und Liebesleid.

In seinem Kummer flüchtet er sich manches Mal in den Alkohol und greift begierig nach jedem Zeichen, das ihm Hoffnung machen könnte.

„Gestern, als ich wegging, reichte sie mir die Hand und sagte: Adieu, lieber Werther! – Lieber Werther! Es war das erste Mal, dass sie mich Lieber hieß, und es ging mir durch Mark und Bein", heißt es in einem seiner Briefe.

Doch im Grunde seines Herzens weiß Werther um seine aussichtslose Lage, und seine Verzweiflung wächst. Unruhig streift er durch die Natur – da trifft auf einem seiner Spaziergänge einen jungen Burschen, der nach Blumen sucht, um daraus einen Strauß für seine Geliebte zu binden. Der Junge muss von Sinnen sein, denn es ist bereits November. Durch Zufall erfährt Werther, dass dieser junge Mann einst bei Lottes Vater gearbeitet hat, sich dann hoffnungslos in Lotte verliebte und daraufhin seine Stellung verlor.

Werther fühlt sich dem unglücklich Liebenden sehr verbunden und beneidet ihn sogar, da dieser offensichtlich verrückt ist und dadurch unfähig, Kummer zu spüren. Werthers Verzweiflung wächst ins Unerträgliche. Immer öfter überlegt er, seinem Leben ein Ende zu setzen.

Dann kommt die Zeit, da Werther seinem Freund so gut wie gar nicht mehr schreibt. Es sind, wenn überhaupt, nur kurze Notizen. Um also in Erfahrung zu bringen, was sich in diesen Dezemberwochen des Jahres 1772 zugetragen hat, habe ich mich an Menschen aus Werthers Umfeld gewandt. Aus den Gesprächen mit ihnen und den wenigen Notizen von Werther kann ich sagen: *Die Beängstigung seines Herzens zehrte die übrigen Kräfte seines Geists, seine Lebhaftigkeit, seinen Scharfsinn auf, er ward ein trauriger Gesellschafter, immer unglücklicher und immer ungerechter, je unglücklicher er ward.*

Immer deutlicher spürt Werther den Abgrund, dem er sich nähert. Immer stärker werden seine Überlegungen, die Welt zu verlassen. Doch noch ist seine Uhr nicht abgelaufen, noch ist der rechte Zeitpunkt nicht gekommen.

Auch für Lotte wird die Situation immer schwieriger. Sie fühlt sich zuweilen zu Werther hingezogen, doch möchte sie auf keinen Fall ihre Ehe gefährden.  Als Albert sie auffordert, künftig Abstand zu Werther zu halten, bittet sie den unglücklich Verliebten, seine Besuche einzu-

schränken. Erst in der kommenden Woche zum Weihnachtsfest soll er wiederkommen. Doch vier Tage vor Weihnachten ist er wieder bei Lotte. Es drängt ihn mit aller Macht zu ihr.

Sie versucht, den Aufgewühlten zur Vernunft zu bringen, rät ihm, sich eine neue Liebe zu suchen, eine Reise zu machen, um sich zu zerstreuen.

„Ich fürchte, es ist nur die Unmöglichkeit, mich zu besitzen, die Ihnen diesen Wunsch so reizend macht", sagt sie ihm.

Am folgenden Tag, es ist der 21. Dezember, schreibt Werther ihr einen Abschiedsbrief, den man später versiegelt auf seinem Schreibtisch findet. Darin heißt es unter anderem: „*Es ist beschlossen, Lotte, ich will sterben …*"

Tags darauf regelt er seine Finanzen, schreibt einen Abschiedsbrief an seinen Freund Wilhelm und macht sich ein letztes Mal auf den Weg zu Lotte. Sein neuerlicher Besuch beunruhigt sie. Sie weiß nicht, was sie tun soll, und bittet ihn schließlich, ihr aus einem Buch vorzulesen. Ergriffen lauscht sie den Geschichten aus „Ossians Gesängen" – und weint. Und auch Werther kommen die Tränen, fühlt er sich der geliebten und begehrten Frau doch so unendlich nah und verbunden. Überwältigt und verzweifelt umarmt und küsst er Lotte, die sich entsetzt losreißt,

ins Nebenzimmer flüchtet und sich einschließt. Alles Klopfen, alles Bitten nützen nichts, sie reagiert nicht. Werther bleibt nichts anderes übrig, als zu gehen.

Am nächsten Tag schreibt Werther noch einmal einen Brief an Lotte, in dem er wild über das Sterben und den Tod sinniert und Lotte um Vergebung bittet. Dann schickt er seinen Diener zu Albert mit der Bitte, dieser möge ihm für eine Reise seine Pistolen leihen.

Arglos erklärt sich Albert einverstanden und bittet Lotte, dem Diener die von Werther gewünschten Waffen auszuhändigen. Als Werther von seinem Diener erfährt, dass dieser die Waffen aus Lottes Hand erhalten hat, durchflutet ihn ein heftiges Glücksgefühl.

„Und du, Lotte, reichst mir das Werkzeug, du, von deren Händen ich den Tod zu empfangen wünschte, und ach! nun empfange", notiert er auf einen Zettel.

Es ist die Nacht vom 23. auf den 24. Dezember, als Werther mit einer von Alberts Pistolen seinem Leben ein Ende macht. Kurz vor Mitternacht fällt ein Schuss. Die Nachbarn horchen auf, unternehmen aber nichts, weil nichts weiter zu hören ist. Am nächsten Morgen findet der Diener seinen Herrn, der mit einer stark blutenden Kopfwunde auf dem Boden liegt. Wie beim ersten Treffen mit Lotte trägt Werther seinen blauen Frack und seine gelbe Weste. Eilig holt der Diener einen Arzt. Doch zu schwer sind Werthers Verwundungen, zu geschwächt bereits sein Körper.

Die Nachricht über das Unglück verbreitet sich rasch und gelangt auch zu Albert. Der eilt ebenso wie Lottes Vater und deren Geschwister ans Bett des Sterbenden. Sie bleiben bei Werther, bis er – zwölf Stunden nach dem Schuss – zur Mittagsstunde des 24. Dezembers 1772 stirbt.

Noch in derselben Nacht wird er, der Selbstmörder, still und leise und ohne Begleitung eines Geistlichen, beerdigt – und zwar dort, wo er es sich wünschte: bei den Lindenbäumen in der hintersten Ecke des Kirchhofs nahe dem Felde.

„Die menschliche Natur (...) hat ihre Grenzen:
Sie kann Freude, Leid, Schmerzen bis auf einen gewissen Grad ertragen
und geht zugrunde, sobald der überstiegen ist."
(Brief vom 12. August 1771)

Erlkönig

Von unheimlichen Mächten bedroht

Es treten auf
Ein besorgter Vater
Ein Kind
Der Erlkönig, eine geisterhaft
verführerische Nachtgestalt

Ort des Geschehens
Ein nächtlicher Ritt über Land

Wer reitet so spät durch Nacht und Wind?
Es ist der Vater mit seinem Kind.
(Erlkönig)

Man erzählt, dass es eine kühle, unruhige Mondnacht war. Der Wind jagte dunkle Wolken über den Himmel, die den Mond immer wieder verdeckten, sodass die Welt zeitweise in völlige Finsternis gehüllt war. Trotzdem hatten sie sich auf den Heimweg gemacht, der Vater mit seinem Sohn. Warum? Vielleicht war der Junge krank und der Vater wollte ihn so schnell wie möglich nach Hause bringen. Er hatte das Kind jedenfalls nicht hinter sich aufs Pferd gesetzt, sondern hielt es schützend und wärmend im Arm. Im schnellen Galopp ritten sie durch den düsteren Wald, dann vorbei an nebligen Wiesen und Feldern dem schützenden Heim entgegen. Möglicherweise war es das Fieber, das den Jungen plötzlich etwas Unheimliches, fahl Leuchtendes in der Dunkelheit sehen ließ. Der Junge drückte sich ängstlich an den Vater und flüsterte:

„Siehst, Vater, du den Erlkönig nicht?
Den Erlenkönig mit Kron' und Schweif? –"
„Mein Sohn, es ist ein Nebelstreif. –"

Der Vater antwortete beruhigend. Doch der Junge lauschte mit klopfendem Herzen in die Dunkelheit. Da war jemand! Er hörte es ganz deutlich. Eine lockende Stimme drang an sein Ohr.

„Du liebes Kind, komm, geh mit mir!
Gar schöne Spiele spiel' ich mit dir;
Manch' bunte Blumen sind an dem Strand;
Meine Mutter hat manch' gülden Gewand."

Der Junge war sich sicher, dass es die geheimnisvolle Stimme des Erlkönigs war, und er klammerte sich an den Vater. „Es ist der Erlkönig", raunte er angsterfüllt.

„Es ist nur der Wind, der in den dürren Blättern raschelt", erklärte der Vater.

Geschwind ritten sie weiter durch die Nacht und immer schmeichelnder wisperte die Stimme dem Kind verlockende Worte zu:

„Willst, feiner Knabe, du mit mir gehn?
Meine Töchter sollen dich warten schön;
Meine Töchter führen den nächtlichen Reihn,
Und wiegen und tanzen und singen dich ein."

Dem Jungen verschlug es vor Entsetzen die Sprache. Denn da waren sie, die Töchter des Erlkönigs. Sie tauchten ganz nah vor ihm aus dem Nebel auf. Es waren unheimliche Schattengestalten, und das Kind klammerte sich fester an den Vater. Es jammerte und klagte. Der Vater sprach beruhigend auf den Sohn ein: „Was du siehst, das sind nur die alten, grauen Weiden, die im Nebel wie geheimnisvolle Wesen wirken." Er gab dem Pferd die Sporen. Mit einem Mal schrie das Kind verzweifelt auf:

„Mein Vater, mein Vater, jetzt fasst er mich an!
Erlkönig hat mir ein Leids getan! –"

Das Kind stöhnte so kläglich, dass der Vater erschauerte. Jetzt packte auch ihn die Angst. Er drückte den zitternden Jungen an sich und gab dem Pferd die Peitsche. Wie von Sinnen stürmte der Gaul im wilden Galopp durch die Dunkelheit. Heulen und Wimmern erfüllten die Luft. War's der Wind? War's das Kind? Endlich tauchten die dunklen Umrisse des Hauses auf. Dann jagte das Pferd auch schon durch das Tor und blieb schnaubend und schweißnass im Hof stehen. Der Vater saß bebend im Sattel und starrte fassungslos auf das Kind in seinem Arm. Was immer er sagte, was immer er tat, es regte sich nicht mehr. Nur langsam begriff der Vater: Sein Sohn war tot. Sollte etwa doch der Erlkönig …?

„Und bist du nicht willig, so brauch ich Gewalt."
(Erlkönig)

Iphigenie auf Tauris

…und die Sehnsucht nach der Heimat bleibt

Es treten auf

Iphigenie, Königstochter und Priesterin der Göttin Diana
Orest, ihr Bruder
Pylades, Freund von Orest
Thoas, König von Tauris
Arkas, enger Vertrauter des Königs

Ort und Zeit

Am Tempel der Göttin Diana auf Tauris, einer Insel
im Mittelmeer, zu einer Zeit, da man noch
die Götter für das Schicksal der Menschen
verantwortlich machte

*„Wohl dem, der seiner Väter gern gedenkt,
Der froh von ihren Taten, ihrer Größe
Den Hörer unterhält und still sich freuend
Ans Ende dieser schönen Reihe sich
Geschlossen sieht."*
(Iphigenie, 1. Aufzug, 3. Auftritt)

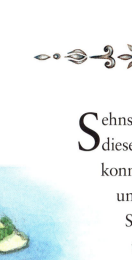

Sehnsucht trieb mich immer wieder zu diesem Felsvorsprung. Von hier aus konnte ich aufs Meer schauen, diese unendliche Wasserfläche, die in der Sonne glitzerte, als würden abertausend kleine Sterne darauf funkeln. Ich lauschte dem gleichmäßigen Kommen und Gehen der Wellen, das sich mit dem Wispern der Blätter aus dem heiligen Hain zu einer traurig schönen Melodie vermischte. Der Wind strich mir über die Haare, als wollte er mich trösten. Dort, weit, weit in der Ferne, wo die Sonne jeden Abend im Meer versank, dort war Griechenland, meine Heimat. Und Mykene, die Stadt meiner Väter. Und der Palast, in dem meine Familie wohnte. Wie mochte es ihnen gehen? War mein Vater gesund aus dem Krieg gegen Troja zurückgekehrt? Was machten meine Mutter und meine Geschwister Orest und Elektra? Der Gedanke an sie schnürte mir die Kehle zu und ich spürte Tränen in mir aufsteigen. Wie lange schon lebte ich von ihnen getrennt in der Fremde! Groß war die Sehnsucht nach ihnen, ja sie schien mit jedem Tag größer zu werden. Dabei sollte ich dankbar sein, dass ich überhaupt noch am Leben war. Diana, die erhabene Göttin, hatte mich vor dem Tod gerettet und hier auf diese Insel gebracht. Nun diente ich ihr als Tempelpriesterin.

„*O wie beschämt gesteh ich, dass ich dir mit stillem Widerwillen diene, Göttin*", flüsterte ich, wandte mich vom Meer ab und ging zurück zum Tempel. Er lag auf einem kleinen Hügel, umge-

ben vom heiligen Hain, der sich wie ein leuchtend grünes Tuch vom Meer bis zur Anhöhe erstreckte.

Kurz bevor ich das Heiligtum erreichte, trat ein Mann aus dem Wald. Ich erkannte ihn sofort an seiner untersetzten Gestalt und den energischen Schritten: Arkas, der Vertraute von König Thoas. Er begrüßte mich höflich und kündigte den König an.

„Er sei mir willkommen!", antwortete ich respektvoll.

Arkas rührte sich nicht vom Fleck. Mit seinen kleinen, durchdringenden Augen schaute er mich prüfend an. „Wie ernst dein Blick ist! Er lässt mich schaudern." In seinen Worten schwang Traurigkeit mit. „Wie lange warten wir schon vergeblich auf ein vertrautes Wort von dir, aber es ist, als wäre dein Innerstes mit Eisenbändern verschnürt."

Ich bemühte mich um ein Lächeln. „Wie kann man vertraute Worte in einer Sprache finden, die einem immer noch fremd ist", erwiderte ich. *„Kann uns zum Vaterland die Fremde werden?"*

Arkas schwieg. Ich hatte das Gefühl, dass er mich nicht verstand, vielleicht auch nicht verstehen konnte. Nur wer selber schon einmal in der Fremde gelebt hat, weiß, was es heißt, fern der geliebten Heimat zu sein.

„Geht es dir denn nicht gut bei uns?", fragte Arkas. „Wirst du nicht geachtet und geehrt, vom Volke ebenso wie vom König! Er ist dir zugetan und begehrt dich schon lange zur Frau." Arkas sprach ruhig und eindringlich. Als ich nichts erwiderte, warf er mit vor, undankbar zu sein.

Vielleicht hatte er recht. Vielleicht wusste ich es nicht zu schätzen, wie wohlwollend die Menschen dieser Insel mich, die Fremde, aufgenommen hatten?

Arkas Stimme holte mich aus meinen Gedanken.

„Der König kommt", wiederholte er feierlich, deutete einen Abschiedsgruß an und ging.

Ich zog mein Tuch enger um die Schultern. Mir war auf einmal kalt und eine eigenartige Unruhe hatte mich ergriffen. Ahnte ich, was auf mich zukam?

Mit stolz erhobenem Kopf stand er vor mir und bat mich, seine Frau zu werden: Thoas, der König, ein muskulöser Mann mit wildem Bartwuchs und energischem Gesichtsausdruck. Er schaute mir unverwandt in die Augen und wartete darauf, dass ich seinem Heiratsantrag zustimmte. Wie viele Frauen an meiner Stelle hätten sich glücklich geschätzt!

Ich aber war bedrückt. Ich achtete Thoas, auch wenn mich seine ungestüme Art anfangs verwirrt und zuweilen auch geängstigt hatte. Aber ich hatte gelernt, seine aufrichtige Haltung und seine Gradlinigkeit zu schätzen. Er war mir inzwischen wie ein Vater. Aber heiraten? Nein, heiraten konnte ich ihn nicht, denn dann wäre ich für immer an diese Insel gebunden gewesen. Diese Vorstellung war mir unerträglich: Zu groß war mein Heimweh, zu sehr sehnte ich mich nach meiner Familie, nach Griechenland. Vielleicht würde es doch einmal die Möglichkeit geben, zu ihnen zurückzukehren. Aber das konnte und wollte ich ihm nicht sagen.

Also erklärte ich freundlich, aber entschieden: „Die Göttin Diana hat mich hier als Tempelpriesterin eingesetzt. Ihr allein unterstehe ich."

„Warum verweigerst du dich immer wieder?", Thoas war ungehalten. „*Die Göttin übergab dich meinen Händen; wie du ihr*

heilig warst, so warst du's mir." Er schaute mich herausfordernd an. „Aber gut", sagte er schließlich, „sollte es je eine Möglichkeit für dich geben, in deine Heimat zurückzukehren, so bist du frei. Allerdings", fügte er selbstgewiss hinzu, „wird das wohl nie der Fall sein."

Ich spürte seinen funkelnden Blick, der voll Liebe und Begehren auf mich gerichtet war.

„Iphigenie!" Fast unheimlich klang mein Name aus seinem Mund. „Warum, schöne Fremde, Tempelpriesterin der Diana, verschweigst du, woher du stammst und wie du hierhergekommen bist?"

Mir wurde unbehaglich. In seiner Stimme, seinem Blick lag etwas Forderndes. Sollte ich es wirklich wagen und ihm erzählen, aus welcher unheilvollen Familie ich stammte? Vielleicht brachte ihn das von seinem Heiratsvorhaben ab, schoss es mir durch den Kopf. *„Wohl dem, der seiner Väter gern gedenkt, der froh von ihren Taten, ihrer Größe den Hörer unterhält!"*, begann ich und gestand schließlich: *„Ich bin aus Tantalus' Geschlecht."*

Regungslos stand Thoas vor mir. Nur das gleichmäßige Rauschen des Meeres war zu hören. *„Du sprichst ein großes Wort gelassen aus"*, sagte er schließlich und in seinen Worten schwang Anerkennung mit. Das machte es mir leichter weiterzusprechen.

„Mein Vater ist Agamemnon, der König von Mykene. Klytämnestra ist meine Mutter und ich habe eine jüngere Schwester, Elektra, und einen jüngeren Bruder, Orest."

Mein Blick war unwillkürlich in die Ferne gewandert, übers Meer, Richtung Griechenland. Und während ich voll Sehn-

sucht an meine Familie dachte, erzählte ich Thoas von Tantalus, einem unserer Vorfahren, der sich erdreistet hatte, die Klugheit der Götter auf die Probe zu stellen, indem er ihnen seinen eigenen Sohn als Festessen vorsetzte. Doch die Götter erkannten die List und verfluchten ihn und alle seine Nachkommen.

„Seitdem herrscht mörderischer Hass in meiner Familie. Immer wieder wurde jemand vom eigenen Bruder, der eigenen Ehefrau, dem Onkel oder dem Vater getötet." Vorsichtig blickte ich zu Thoas. Sein Gesicht zeigte keinerlei Regung.

„Und wie kamst du hierher nach Tauris?", erkundigte er sich.

Ich überlegte einen Moment, dann erzählte ich ihm auch das.

„Mein Vater wollte mit seinen Leuten in den Krieg gegen Troja ziehen. Kein Hauch regte sich, um die Segel seiner Schiffe zu blähen. Da versprach ihm die Göttin Diana gute Winde für seine Flotte, wenn er mich, seine älteste Tochter, opfere. Mein Vater war …" Es fiel mir schwer weiterzusprechen. Die schrecklichen Erinnerungen an diesen Tag stiegen wieder in mir auf. Ich versuchte, mein Zittern zu verbergen.

„Mein Vater war zu diesem Opfer bereit", fuhr ich fort. „Man lockte meine Mutter und mich zum Tempel. Ich lag bereits auf dem Altar, sah dem Tode entgegen, als es geschah. Die Göttin *wollte nicht mein Blut und hüllte rettend in eine Wolke mich.* Dann brachte sie mich hierher zu diesem Tempel, damit ich ihr als Priesterin diene. Sie ist meine Retterin! Und sie allein hat ein Anrecht auf mich!"

Ich war jetzt wieder ganz gefasst und schaute Thoas entschlossen an. Sein Gesicht hatte sich verfinstert.

„Dann musst du wohl ihre Priesterin bleiben." Verbittert und unheilvoll klang seine Stimme. „Ich habe mich offenbar in dir getäuscht. Mir schien, dass auch du Zuneigung für mich empfindest. *War's anfangs die Liebe einer Tochter, so bald schon die stille Neigung einer Braut, die ich zu sehen glaubte.* Nur dir zuliebe ließ ich davon ab, Menschen zu opfern, wie es seit alter Zeit bei uns Sitte und Brauch ist."

Mächtig und furchteinflößend stand Thoas vor mir, als er seinen Entschluss verkündete: „Ich werde den alten Brauch wieder einführen. Die beiden Fremden, die in einer Höhle am Strand entdeckt wurden, werden die Ersten sein, an denen du deine Pflicht erfüllen wirst."

Mir verschlug es vor Schreck die Sprache. Mein Herz pochte wild. Dann versuchte ich ihn umzustimmen. Er aber wandte sich zum Gehen. „Die beiden werden hierhergebracht. Du weißt, was du zu tun hast." Mit entschlossenen Schritten entfernte er sich und verschwand im heiligen Hain. Ungläubig schaute ich ihm nach.

Schließlich eilte ich in den Tempel, betrat den Altarraum und fiel vor dem Bild der Göttin auf die Knie. Inständig bat ich Diana, sie möge mich von diesem blutigen Dienst befreien. Einen Menschen opfern! Das würde ich niemals über mich bringen. Verzweifelt sprach ich ein Bittgebet nach dem anderen, aber ich fand keine Ruhe.

Ich weiß nicht, wie lange ich gebetet hatte. Als ich den Tempel verließ, war ich im ersten Augenblick geblendet. Gleißend hell und fast senkrecht stand die Sonne am Firmament. Dann fiel mein Blick auf einen jungen Mann, der nicht weit entfernt an einen Baum gelehnt auf dem Boden saß und mich neugierig betrachtete. Das musste einer der beiden Gefangenen sein. Er lag in Ketten und ich sah gleich, dass er kein Einheimischer war. Die markanten Gesichtszüge… er könnte Grieche sein, schoss es mir durch den Kopf.

Als ich ihn auf Griechisch ansprach, strahlte er und antwortete mir auf Griechisch, der Sprache meiner Heimat. Große Aufregung überfiel mich. Wie lange war es her, dass ich solch vertraute Klänge gehört hatte! Freudig ging ich auf den Gefangenen zu und nahm ihm die Ketten ab.

„Was hat Euch auf diese Insel geführt?", fragte ich, bemüht, meine Erregung zu verbergen. Jedes seiner Worte sog ich begierig in mich ein, auch wenn seine Geschichte eine traurige war.

Er und sein Bruder stammten aus einer edlen Familie von Kreta. Im Streit um Reich und Erbe hatte sein Bruder einen Verwandten umgebracht und wurde nun von den Rachegöttinnen verfolgt.

„Doch wenn mein Bruder Diana, die Schwester Apolls", der junge Mann deutete auf den Tempel, „wenn er Diana, die unfreiwil-

lig in Tauris ist, nach Hause bringt, werden die Rachegöttinnen von ihm lassen. Das hat Apoll in einem göttlichen Orakelspruch kundgetan und deshalb sind wir hier. Um das Bildnis von Apolls Schwester zu holen. *Diana sehnt sich von diesen rauen Ufern der Barbaren und ihren blut'gen Menschenopfern weg.*"

Ich nickte kurz und wechselte das Thema, denn mehr als alles andere wollte ich etwas über meine Familie erfahren. Um dem Fremden nicht meine Herkunft zu verraten, erkundigte ich mich nach Troja. „Fiel es?", stieß ich aufgeregt hervor. Mein Herz hüpfte vor Freude, als ich hörte, dass mein Vater lebend aus dem trojanischen Krieg zurückgekehrt war. Doch was ich dann erfuhr, war entsetzlich. Kaum wieder zu Hause hatte man ihn heimtückisch ermordet.

„Wer?", fragte ich und mir versagte fast die Stimme.

„Seine Frau und ihr Geliebter haben ihn umgebracht", antwortete der junge Mann. „Es heißt, die Frau habe es ihrem Mann nie verziehen, dass er ihre älteste Tochter einst auf dem Altar der Göttin Diana geopfert habe, und Iphigenie…"

Als ich meinen Namen hörte, zuckte ich zusammen.

„Genug!", stieß ich hervor und verhüllte mein Gesicht mit dem Schultertuch. Ich war den Tränen nahe und um irgendetwas zu tun, erkundigte ich mich schnell nach dem anderen Gefangenen.

Der junge Mann deutete hinter sich auf einen großen Felsen. Dort fand ich seinen Bruder. Wie ein Häufchen Elend hockte er da und schien sehr verzweifelt. Ich nahm auch ihm die Fesseln ab, setzte mich neben ihn und redete freundlich auf ihn ein. Ich versuchte, ihm Mut zu machen, und versprach, alles zu tun, um sie beide zu retten. Doch immer wieder musste ich an meine Familie denken: mein Vater ermordet; meine Mutter seine Mörderin. Und was war mit meinen Geschwistern? Und dann hörte ich mich nach den Kindern von König Agamemnon fragen.

„Orest und Elektra", murmelte der Mann vor mir und mein Herz klopfte vor Aufregung so laut, dass ich dachte, er müsste es hören. „Sie leben", sagte er. Doch dann stöhnte er wie von starken Schmerzen gepeinigt. „Der Fluch des Tantalus!", stieß er hervor und mir lief ein Schauer über den Rücken. „Es war Elektra, die den Bruder bedrängte, den Vatermord zu rächen und Orest ..." Der junge Mann verstummte.

„Sprich weiter!", drängte ich. „Was ist mit Orest?"

„Er tat's! Er ermordete die eigene Mutter."

Ich war starr vor Entsetzen, als mir mein Gegenüber plötzlich in die Augen sah.

„Ich kann nicht leiden, dass du große Seele mit einem falschen Wort betrogen werdest ... Zwischen uns sei Wahrheit ... Ich bin Orest und dieses schuld'ge Haupt."

Ich war wie betäubt. Orest? Vor mir saß also mein eigener Bruder! „Orest!", rief ich und wollte ihn umarmen. Doch er wich mir aus.

„Hilf meinem Freund, nicht mir. Ich bin verloren", murmelte er.

„Orest!", flehte ich ihn an. „Ich bin's! Iphigenie, deine Schwester."

Er schien mich nicht zu erkennen, sprach vom Tod, der ihm Erlösung sein würde von den furchtbaren Rachegöttinnen, die ihn seit seiner Tat verfolgten. Sprach von Tantalus, vom Fluch der Götter.

„Aber siehst du denn nicht? Ich lebe! Die Göttin hat mich gerettet und auch du wirst gerettet werden." Ich packte ihn an den Schultern, aber er stieß mich weg.

„Den Tod! Den Tod!", rief er mit irrer Stimme. „Es ist der Wille der Götter, dass ich sterbe. Hab ich doch die eigene Mutter umgebracht." Dann riss er sich das Gewand von der Brust und forderte mich auf, ihn zu töten. Noch bevor ich irgendetwas sagen oder tun konnte, sank er erschöpft zur Seite und fiel in einen unruhigen Schlaf. Ich starrte den Schlafenden ungläubig an, meinen Bruder, der unsere Mutter getötet hatte. In mir war eine merkwürdige Leere. Ich konnte nicht weinen, stand auf und blickte mich suchend um. Wo war der andere? Der andere …!

Mir fiel es wie Schuppen von den Augen. Der andere war Pylades! Mit ihm war Orest seit Kindertagen befreundet. Ich hatte Pylades nicht erkannt, denn es war viel Zeit vergangen, seit ich ihn das letzte Mal gesehen hatte. Wo aber war er jetzt?

Nach einigem Suchen fand ich ihn im heiligen Hain. Ohne Umschweife gab ich mich zu erkennen. Er aber schien nicht sehr verwundert, ihn interessierte nur, welche Fluchtmöglichkeiten es gab.

„Ich muss das Schiff und die anderen finden, damit wir von dieser Insel wegkommen", erklärte er.

Es dauerte eine Weile, bis ich begriff, dass auch ich auf einmal eine Gelegenheit hatte, Tauris zu verlassen und nach Hause zurückzukehren. Ich besprach mit Pylades einen Fluchtplan, dann kehrten wir zu Orest zurück. Er schien gerade aus dem Schlaf zu erwachen und starrte uns mit vor Schreck geweiteten Augen an. „Ihr auch?", fragte er entsetzt. „Auch ihr seid schon im Reich der Toten?" Dann machte sich ein irres Lächeln auf seinem Gesicht breit. „Sie haben sich versöhnt. Ja! Ich habe es gesehen, wie sich all die feindlichen Mitglieder unserer Familie die Hände gereicht haben. Sie haben sich versöhnt!"

Er ist verrückt. Mein Bruder ist verrückt, dachte ich. *„O lass den Einz'gen, Spätgefundnen mir nicht in der Finsternis des Wahnsinns rasen!"*, flehte ich leise zu Diana.

Pylades, ganz pragmatisch, drängte zur Flucht. „Komm! Wir müssen weg! Wir sind noch nicht tot. Wir werden leben!" Er streckte Orest die Hand entgegen. Da endlich erwachte Orest aus seiner Betäubung.

„Es löset sich der Fluch, mir sagt's das Herz", flüsterte er, ergriff die Hand des Freundes und stand auf. Dann machten sich die beiden auf die Suche nach den Gefährten und dem Schiff.

Ich blieb ratlos zurück und konnte nicht glauben, was geschehen war, als mich eine bekannte Stimme aufschrecken ließ.

„Wie? Noch immer ist die Stunde der Opferung nicht gekommen? *Was ist's, das den Befehl des Königs hindert?"* Arkas kam auf mich zu.

„Es … nun, es ist ein Hemmnis aufgetreten", erklärte ich ihm, so wie ich es mit Pylades besprochen hatte. „Einer der beiden Gefangenen hat Blut an seinen Händen und damit den Tempel der Göttin beschmutzt. Wir müssen erst noch eine Reinigungszeremonie durchführen, bevor die Opferung beginnen kann."
Argwöhnisch schaute mich Arkas an. Schöpfte er Verdacht? „Du weißt nur zu gut, wie du das blutige Opfer verhindern könntest. Nimm den Antrag des Königs an! Bedenke, wie viel Gutes er dir getan hat!" Fast bittend klangen seine Worte, aber ich berief mich wie immer auf die Göttin und dass ich ihre Priesterin sei.
„Dann beeil dich!", sagte Arkas im harschen Befehlston. „Der König und das Volk warten bereits ungeduldig auf die Opferung." Er ging, ohne mich noch eines Blickes zu würdigen, und ich war wie versteinert. Seine Worte hatten schreckliche Erinnerungen an den Tag meiner Opferung in mir wachgerufen. Wie ich da in Todesangst auf dem Altar lag und …
Ich zuckte zusammen, drehte mich um und hinter mir stand Pylades. „Orest ist geheilt!", verkündete er freudig. „Kaum standen wir am Meeresufer, war aller Wahnsinn von ihm abgefallen. Und die Gefährten haben wir auch gefunden. Sie halten sich mit dem Schiff in einer Bucht verborgen. Alles ist zur Flucht bereit. Wir brauchen nur noch das Bildnis der Göttin." Pylades ging auf den Tempel zu.
„Nein!", rief ich und stellte mich ihm in den Weg. Pylades schaute mich verwundert an, wollte an mir vorbei. „Nein!", wiederholte ich entschieden. „Das kannst du nicht tun. Es ist unrecht. Diebstahl. Sünde. Und ein Vergehen an Thoas." Während ich so sprach, wurde mir auf einmal klar, dass es mir un-

möglich sein würde zu fliehen. Ich konnte den König, der mir wie ein Vater gewesen war, nicht hintergehen und mich heimlich davonstehlen.

„Hast du vergessen, dass er deinen Bruder töten will?" Pylades schaute mich verständnislos an. „Willst du wirklich unser aller Rettung aufs Spiel setzen?"

Ich blieb bei meiner Entscheidung, so viel er auch redete und mich zu überzeugen versuchte. Erst als Pylades gegangen war, kamen mir Zweifel. Auf der einen Seite hatte ich Thoas und den Göttern gegenüber Pflichten. Aber hatte ich nicht auch die Pflicht, meinen Bruder zu retten? Dann müsste ich diesen Diebstahl zulassen. Meinen Bruder retten, statt ihn zu opfern. War **das** nicht meine Pflicht? Bei dem Gedanken an die Opferung meines eigenen Bruders lief mit ein Schauer über den Rücken. Das war der Fluch des Tantalus, der auf unserer Familie lastete. Wie konnten die Götter nur so grausam sein und uns Menschen solches Leid aufbürden! Sollte das ewig so weitergehen? Oder war es nicht an der Zeit, sich zu widersetzen?

„Hast du vergessen, was deine Pflicht ist?", tönte eine barsche Stimme. Hinter mir stand König Thoas und in seinen dunklen

Augen blitzte Zorn. „Warum schiebst du das Opfer auf? Hast du etwa Mitleid mit den Gefangenen?", höhnte er. „Wer sind denn diese Fremden, dass du dich so für sie einsetzt?"

Ich wusste nicht, was ich tun sollte. Reden... schweigen... weinen... weglaufen... mich Thoas demütig zu Füßen werfen... ihn um Verzeihung bitten...? Alles drehte, alles wirbelte in mir. Doch dann überkam mich auf einmal eine seltsame Ruhe und ich wusste, was ich tun musste. Es gab nur einen Weg für mich. Die Wahrheit! Ich erzählte Thoas von Orest, meinem Bruder, den ich unmöglich töten konnte. Ich erzählte vom geplanten Raub des Götterbildes und unseren Fluchtplänen und legte mein Schicksal und das meines Bruders in seine Hände. *„Verdirb uns – wenn du darfst.* Oder hilf, den Fluch zu durchbrechen, und lass Gnade walten."

Regungslos stand Thoas mir gegenüber und ich spürte, wie er noch immer vor Zorn bebte. „Du forderst viel! Von euren Fluchtplänen weiß ich schon. Meine Soldaten sind bereits unterwegs, die beiden Flüchtigen zu ergreifen. Ihr Schicksal ist besiegelt!"

Ich erinnerte ihn an seine Großzügigkeit, an seine Menschlichkeit und an sein Versprechen, mir die Rückkehr in die Heimat zu gestatten, sollte es je eine Möglichkeit geben. Ich flehte ihn ein ums andere Mal an, bat um Gnade und hoffte, sein Herz zu erweichen. Es schien aussichtslos. Er wandte sich zum Gehen und mir schien alles verloren, als zwei Worte, hart und bitter, über seine Lippen kamen: „So geht!"

„Nicht so, mein König. Ohne Segen, in Widerwillen scheid ich nicht von dir." Ich lief ihm hinterher, stellte mich ihm in den Weg und streckte ihm die Hand entgegen. „Bitte! Lasst uns fortan in Freundschaft einander zugetan sein." Mir schien es eine Ewigkeit, dass wir uns schweigend gegenüberstanden.

„Lebt wohl!", murmelte er schließlich und für einen Moment war mir, als würden sich seine harten Gesichtszüge entspannen. Ich glaubte sogar, ein flüchtiges Lächeln auf seinem Gesicht zu sehen. Dann ging er. Der Weg in die Heimat war frei. Ob ich glücklich war? Das ist nicht einfach zu beantworten. Aber ich war sehr froh, dass das Bildnis der Göttin Diana in ihrem Tempel auf Tauris bleiben konnte. Denn kurz vor unserer Abreise stellte sich heraus, dass der Orakelspruch mich gemeint hatte. Mich sollte mein Bruder von Tauris nach Hause führen und nicht Apolls Schwester Diana.

„Soll dieser Fluch denn ewig walten?
Soll nie dies Geschlecht mit einem neuen Segen
sich wieder heben?"
(Iphigenie, 4. Aufzug, 5. Auftritt)

Reineke Fuchs

List und Tücke und andere Bosheiten

Eine bissig-bitter-süße Erzählung
aus dem Reich der Tiere

Beteiligte

Nobel, der Löwe und König der Tiere

Reineke, der listige Fuchs, und seine Gemahlin Frau Ermelyn

Grimbart, der Dachs und Neffe von Reineke

Isegrim, der Wolf, und seine Gemahlin Gieremund

Braun, der Bär

Hinz, der Kater

Wackerlos, das französisch sprechende Hündchen

Henning, der Hahn, und seine Tochter Kratzfuß, die Henne

Lampe, der fromme Hase

Bellyn, der Widder, Kaplan und Schreiber des Königs

und weitere Tiere

Ort des Geschehens

Im Reich der Tiere

(Ähnlichkeiten mit dem Reich der Menschen sind rein zufällig)

*„Aber wie sollte die Welt sich bessern? Es lässt sich ein jeder
Alles zu und will mit Gewalt die andern bezwingen.
Und so sinken wir tiefer und immer tiefer ins Arge."*
(Reineke, 8. Gesang)

Pfingsten, das liebliche Fest, war gekommen, und heiteres Gequake, Geschnatter, Gemecker und Gepiepse erfüllten den Festsaal. Nobel, die prächtige Königskrone auf der Löwenmähne, saß auf seinem Thron und blickte majestätisch auf seine Gäste: große und kleine Tiere, einige im Pelz, andere im Federkleid, aalglatt die einen, stachlig und borstig die anderen. Er hatte sie eingeladen, und sie waren gekommen: auf allen vieren, zu Fuß, geflogen und gekrochen. Alle waren sie im Festsaal versammelt. Alle, außer einem. Reineke Fuchs war nicht da und er wusste nur zu gut, warum er sich von den anderen fernhielt. Denn kaum hatte der König seine Begrüßungsrede gehalten, trat Isegrim, der Wolf, vor den Thron und begann, lautstark zu klagen: „Majestät, so kann es nicht weitergehen. Reineke, dieser Unhold, ist hinter meiner Frau Gemahlin her und er beleidigt sie und meine Kinder immer wieder auf das Schändlichste. So kann es nicht weitergehen!"

Kaum hatte Isegrim zu Ende gesprochen, sprang Wackerlos, das Hündchen, hervor und winselte kläglich auf Französisch: „Oh, stellt Euch doch nur vor, mir hat Reineke das letzte Stück Wurst gestohlen, das ich für harte Zeiten aufgespart hatte!"

„Dir gestohlen? Von wegen!", fauchte Hinz und seine grünen Katzenaugen funkelten drohend. „Mir gehörte die Wurst! Ich war es, der sie … nun sagen wir: Ich habe sie mir aus der Scheune des Müllers besorgt."

„Was ist schon ein Stück Wurst gegen das, was dieser Dieb und Mörder dem armen Lampe angetan hat", fuhr der Panther höhnisch dazwischen. „Wäre ich gestern nicht rechtzeitig dazugekommen, hätte Reineke dem frommen Hasen, der doch keinem

was zu leide tut, den Garaus gemacht. Er hatte ihn schon am Kragen gepackt. Aber da kam ich dazu!" Gönnerhaft reckte sich der Panther und klopfte sich anerkennend auf die eigene Brust.
„Ach, wie gut wäre es für uns friedliche Leute, wäre dieser Fuchs endlich tot", rief der Wolf grimmig in die Menge.
Alle nickten und murmelten ihre Zustimmung. Fast alle. Aus einer Ecke des Saales tönte eine näselnde Stimme: „Ihr habt gut Klage führen gegen einen, der sich nicht verteidigen kann."
Alle schauten sich um. Wer hatte da gesprochen? Grimbart, der Dachs. Er reckte sich, um etwas größer zu erscheinen, und fuhr fort. „Warum erzählt ihr nicht, was ihr meinem Onkel angetan habt?" Grimbarts Zeigefinger fuhr wie ein Pfeil nach vorne, und alle Köpfe drehten sich in die angezeigte Richtung. Dort stand der Wolf und war ganz verdattert. „Du!", sagte Grimbart streng und rückte seine Brille zurecht. „Warum erzählst du nicht, wie du Reineke betrogen hast, als ihr zusammen auf Beutezug wart? Reineke hat sich größter Gefahr ausgesetzt, um an den Fisch des Fuhrmanns und das Schwein vom Bauern zu kommen. Und wie hast du's ihm gedankt? Du hast dir die Beute allein in den Bauch geschlagen." Isegrim wand sich unbeholfen hin und her und brummte Unverständliches in seinen Wolfspelz. „Und was deine Gemahlin Gieremund betrifft", fuhr der Dachs fort und ein herablassendes Lächeln huschte über sein Gesicht, „so lässt du sie allein und wunderst dich, wenn sie es sich mit Reineke gut gehen lässt? Und Wackerlos." Grimbart kniff seine Dachsäuglein zusammen und hielt Ausschau nach dem Hündchen, das aber nirgendwo mehr zu sehen war. „Sagt selbst: Ist es nicht dreist, dass einer den Diebstahl eines Würstchens beklagt, das

er selber gestohlen hat?" Zufrieden blickte Grimbart in die Versammlung, die sich in Schweigen hüllte. Einige blickten verlegen zu Boden und der König wiegte nachdenklich seine Löwenmähne. Da fuhr der Dachs im sanftem Näselton fort. „Wisst ihr eigentlich, wie genügsam Reineke inzwischen geworden ist? Sein Schloss Malepartus, so hörte ich, soll er verlassen haben, um in einer einfachen Hütte zu hausen. Wie ein Klosterbruder lebt er, kasteit sich, tut eifrig Buße und enthält sich des Fleisches." Grimbart hielt inne, und auch die anderen im Saal horchten auf. Laute Klagegesänge waren zu hören, eine Trauergesellschaft näherte sich. An der Spitze ging Henning, der Hahn, und hinter ihm auf einer Bahre lag eine Henne: tot, ohne Kopf, ohne Hals. Hennings Tochter Kratzfuß. „Sie war die beste eierlegende Henne der Familie", krähte der Hahn schmerzerfüllt, als er vor dem Thron des Königs angekommen war. „Oh weh! Oh je! Reineke hat sie gemordet. Kaltblütig gemordet!", jammerte er und erzählte lang und breit, wie es der listige Fuchs geschafft hatte, ihn und die Seinen aus den sicheren Mauern des Hofes zu locken und seine Tochter, seine herzensgute Tochter Kratzfuß, die beste eierlegende Henne der Familie, so grausam, ach so grausam... Henning schniefte und der König nutzte die Pause, um der Klagelitanei ein Ende zu machen. „Keine Frage! Diese entsetzliche Missetat muss gesühnt werden. Reineke wird vor Gericht gestellt", verkündete er hoheitsvoll.

„Gut so!" – „Endlich!" – „Wurde ja auch Zeit!" Aus allen Ecken des Saales grummelte und brummelte es zufrieden. Der König beauftragte Braun, den Bären, Reineke zur Gerichtsverhandlung an den königlichen Hof zu holen. „Aber nehmt Euch vor Reinekes List in Acht!", warnte er den Bären beim Abschied.

„Der kann einem wie mir nichts anhaben!", knurrte Braun selbstgefällig und tappte davon. Doch ach, wie hatte er sich getäuscht. Reineke begrüßte den Bären auf das Freundlichste und lud ihn zu einem Nachtmahl ein. Leckere Honigscheiben versprach er, und da konnte Braun, der wie alle Bären ein Honigliebhaber war, nicht widerstehen und folgte Reineke zum Hof von Bauer Rüsteviel.

„Siehst du dort den Baumstamm? Den Spalt?", flüsterte Reineke ihm zu. „Darin befindet sich der köstlichste Honig, den du dir vorstellen kannst." Genüsslich schleckte sich Braun das Maul, betrat den Hof, näherte sich dem Baumstamm und steckte gierig erst seine Schnauze, dann die Vorderpfoten in den Spalt – und steckte fest! Reineke hatte geschwind den Keil aus dem Spalt herausgezogen, sodass Brauns Schnauze samt Vorderpfoten eingeklemmt waren. Der Fuchs grinste zufrieden und machte sich froh gelaunt auf den Heimweg, während Braun sich zu befreien versuchte. Er zog und zerrte immer heftiger und brüllte vor Schmerz laut auf. Damit machte er alles noch schlimmer. Bauer Rüsteviel, der den Lärm hörte, kam aus dem Haus, sah den Bären und rannte zum nahen Wirtshaus, um Verstärkung zu holen. Als die aufgebrachte Menge mit Stöcken und Knüppeln bewaffnet anrückte, nahm Braun in seiner Verzweiflung all seine Kräfte zusammen und befreite sich im letzten Augenblick.

Rüsteviel und seine Kumpanen verfolgten den Bären und holten ihn auch bald ein, denn Braun hatte sich schwer verletzt und blutete stark. Wütend prügelten die Verfolger auf ihn ein. Kraftlos sank der Bär zu Boden. Er glaubte, sein letztes Stündchen sei gekommen. Da stellte er sich in seiner Not tot – und endlich ließen seine Peiniger vom ihm ab und zogen zurück ins Dorf. Es war bereits tiefe Nacht, als sich der Bär aufrappelte und auf den Heimweg machte. Mit letzter Kraft kam er im Morgengrauen zu Hause an. Seine bestürzte Gemahlin machte sich sogleich daran, seine Wunden zu versorgen. Dank ihrer Fürsorge kam Braun langsam wieder auf die Beine. Als Reineke davon hörte, bedauerte er sehr, dass Braun überlebt hatte.

Als der König erfuhr, was geschehen war, ernannte er sogleich einen neuen Boten, um Reineke zu holen. Seine Wahl fiel auf Hinz, der vergeblich versuchte, sich des Auftrags zu entziehen. Dem Kater war nicht wohl bei der Sache. Zu Recht, wie sich bald zeigte. Denn auch Hinz konnte nicht widerstehen, als Reineke ihm leckere Mäuse versprach. „Im Hühnerstall des Pfarrhauses", vertraute ihm Reineke an. Doch kaum war Hinz im Stall, schnappte die Falle zu, die man für den Hühnerdieb Reineke aufgestellt hatte. Der Kater jaulte und schrie und kurz darauf prasselten wütende Hiebe auf ihn nieder. Nur mit knapper Not entkam er der erbosten Köchin und dem verärgerten Pfarrer. Elend zugerichtet und einäugig kehrte Hinz schließlich an den Königshof zurück. Der Löwe war erbost über Reinekes Frechheit und beschloss, den Fuchs nun ohne Verhandlung zum Tode zu verurteilen.

Da meldete sich Grimbart, der Dachs, näselnd zu Wort. „Verzeiht Majestät! Aber ist es nicht das Recht eines jeden freien Mannes, sich zu verteidigen?" Der Dachs rückte seine Brille zurecht, machte ein kluges Gesicht und fügte hinzu. „Und sollten nicht aller guten Dinge drei sein?"

„Meinetwegen. Aber wer wird denn jetzt noch den Mut haben, sich zu Reineke zu wagen?", dröhnte die mächtige Löwenstimme durch den Saal.

„Ich!" Grimbart reckte seinen Zeigefinger selbstbewusst in die Höhe. Der König war ein wenig verwundert, aber vielleicht hatte Grimbart, der ja mit Reineke verwandt war, mehr Glück als die anderen.

Noch am gleichen Tag machte sich Grimbart auf den Weg zur Burg seines Onkels. Lange und eindringlich sprach er mit Reineke. *„Ihr entfliehet dem König nicht!"*, warnte er. „Kommt ihr nicht mit mir, so wird er Eure Festung belagern." Reineke verstand, dass die Situation ernst war. Wollte er das Leben seiner Familie nicht aufs Spiel setzen, musste er sich dem Gericht stellen. Und so machte er sich mit Grimbart noch am selben Tag auf den Weg. Welch Bild des Jammers gab er ab: Den Kopf demütig gebeugt, stapfte er neben seinem Neffen her und seufzte immer wieder. „Ach ja, ich gebe zu, ich habe viel Unrecht getan. So viele Missetaten! Ach, was gäbe ich drum, könnte ich alles wiedergutmachen!"

„Ihr könnt Buße tun!", schlug Grimbart seinem reuigen Onkel vor und riss eine Gerte von einem Busch. „Geißelt Euch damit und dann küsst die Gerte! Fastet und geht künftig in die Kirche, wenn es geboten ist." Reineke tat, was der Neffe ihm vorgeschlagen hatte, und schwor hoch und heilig Besserung. Doch ach, wie

lief Reineke das Wasser im Maul zusammen, als sie kurz darauf an einem Kloster vorbeikamen. Welche Leckerbissen spazierten da ungeniert herum! So viele gut gemästete Hühner und Hähne! Reineke konnte nicht anders und schnappte zu. Die Federn flogen und Grimbart rief voller Entsetzen: „Ein Rückfall!"

„Ein Versehen!", jammerte Reineke niedergeschlagen und ließ den toten Hahn fallen. „Es wird nicht mehr geschehen!", versprach der Fuchs scheinheilig. Dann setzten die beiden ihren Weg fort. Doch immer wieder drehte sich Reineke um und warf den Klosterhühnern sehnsüchtige Blicke zu. Und Grimbart? Sah er das nicht? Oder wollte er es gar nicht sehen?

* * *

Am Königshof wurden Reineke und Grimbart schon mit Spannung erwartet. Der gesamte Hof und alle Tiere waren versammelt. Es war mucksmäuschenstill, als Reineke vor den König trat. „Oh Majestät, mit Entsetzen hörte ich, welcher Missetaten man mich beschuldigt. Fälschlich beschuldigt! Denn ich frage Euch: Was kann ich dafür, wenn es einen Bären nach Honig gelüstet und er sich deswegen mit dem Bauern anlegt? Und was hätte ich tun können, da Hinz unbedingt beim Pfarrer auf Mäusejagd gehen wollte?" Reineke zuckte hilflos die Achseln und setzte eine Unschuldsmiene auf. Doch dann brachten Henning, der Hahn, der Wolf, der Hase und viele andere Tiere ihre Anklagen vor. So redegewandt Reineke auch war, letztendlich konnte er die vielen Beschuldigungen nicht entkräften.

Erwartungsvoll waren nun alle Blicke auf den König gerichtet. Der schaute majestätisch in die Runde und dann sprach er Reineke schuldig. Tod durch den Strang! Die Versammelten brachen in

lauten Jubel aus. „Endlich bekommt der Übeltäter seine gerechte Strafe!", jauchzten Reinekes Widersacher.

Kurz darauf zog die Menge hinaus zum Galgen. Alles Volk, reiche und arme Leute, auch der gesamte Hof, König und Königin mit ihrem Gefolge, hatten sich eingefunden. Keiner wollte dieses Schauspiel verpassen. Die Stimmung war bestens! Genüsslich verfolgten die Zuschauer, wie man dem Fuchs die Schlinge um den Hals legte. Dann stieg der Verurteilte die Leiter zum Galgen hinauf. Stufe um Stufe. Die Spannung stieg. Reinekes Lage war ernst. Sehr ernst. Seine Beine zitterten. Sollte es wirklich keine Möglichkeit geben, dem Tod zu entkommen?, überlegte er angestrengt. Jetzt war er oben auf der Leiter angekommen. Gleich war es so weit. Die Versammelten gafften und gierten, da hob Reineke den Kopf. Er schaute die Menge an, dann wandte er sich mit reuiger Stimme an den König: „Ich gestehe, ich habe viel Übles getan! Aber …" Reineke hielt inne. Als alles Geplapper und Geplausche verstummt war, sprach er selbstherrlich weiter. „Aber ich habe auch manches Übel verhindert. Ich habe verhindert, dass man Euch, ehrwürdigster König, stürzt."

Reineke bemerkte mit großer Genugtuung, wie der König aufhorchte. Na bitte! Wäre doch gelacht, wenn es ihm nicht gelänge, seinen Kopf aus der Schlinge zu ziehen!

„Nun, es gab einst eine Verschwörung gegen Euch. Zu meiner Schande muss ich gestehen, dass mein Vater maßgeblich daran beteiligt war." Ein Raunen ging

durch die Menge. „Begonnen hat alles mit einem Schatz", bemerkte Reineke möglichst beiläufig. „Einem riesigen Schatz, so riesig, dass man ihn auch in sieben Tagen nicht wegschaffen könnte. Den hat mein Vater einst König Emmerich gestohlen und mithilfe dieser Reichtümer machte er sich den Wolf, den Bären, den Kater und auch Grimbart, meinen Neffen, gefügig. Die fünf verschworen sich gegen Euch, edler König. Stellt Euch nur vor: Sie wollten Braun, diesen tolpatschigen Bären, an Eurer Stelle auf den Thron setzen. Unglaublich, nicht wahr?" Ohne den geringsten Skrupel beschuldigte Reineke den eigenen Vater und seinen Neffen Grimbart. Tja, was tut man nicht alles, um seine Haut zu retten!

Der König war zwar misstrauisch, aber die Sache mit dem Schatz interessierte ihn. Sie interessierte ihn sogar sehr und er befahl den Fuchs zu sich. Reineke triumphierte, ließ sich aber nichts anmerken und kletterte behende von der Leiter. „Selbstverständlich ließ ich nichts unversucht, meinen Vater von seiner schändlichen Tat abzubringen. Und das ist mir ja auch gelungen. Denn Ihr seid ja noch am Leben, mein König!" Reineke versank in eine tiefe Verbeugung und fuhr dann mit seiner ungeheuerlichen Lügengeschichte fort. „Um die Tat zu verhindern, musste ich meinem Vater den Schatz entwenden. Unter Aufbietung all meiner Kräfte setzte ich mich großen Gefahren aus, um das Versteck des Schatzes auszuspionieren und ihn heimlich an einen sicheren Ort zu bringen." Reineke wischte sich den nicht vorhandenen Schweiß von der Stirn. „Und wohin hast du ihn gebracht?", erkundigte sich der König neugierig, und alle lauschten begierig.

Reineke räusperte sich, nahm den Löwen beiseite und flüsterte ihm zu: „Gut geschützt ist er in einer Wüste im Osten von Flandern unter zwei jungen Birken vergraben, dort, wo sich auch der einsame Busch Hüsterlo befindet, nahe dem Brunnen Krekelborn."
Der König runzelte die Stirn. „Hüsterlo? Krekelborn?", fragte er misstrauisch. „Von keinem dieser Orte habe ich je gehört."
„Oh! Sie sind schon in der Bibel erwähnt, nicht wahr, Lampe?", antwortete Reineke dreist. Und der Hase, verwirrt und ängstlich, nickte. „Wenn es nach mir ginge, so würde ich Euch höchstpersönlich zum Versteck führen. Aber ich möchte Euch auf keinen Fall in Gefahr bringen." Reineke druckste ein wenig herum. „Nun, ich will ehrlich sein. Es liegt der Bann des Papstes auf mir. Deshalb wäre es nicht gut, würde man Euch in meiner Begleitung antreffen." Reuevoll senkte Reineke den Kopf. „Damit ich wieder in Ehren neben Euch gehen kann, würde ich gerne eine Pilgerreise nach Rom machen, damit die Sünden von mir genommen werden."
„Ein nützlicher und guter Plan", lobte der König sichtlich beeindruckt. *„Ich gebe dir gnädigen Urlaub, denn mir scheint, Ihr wollt Euch bekehren vom Bösen zum Guten."*
Ein zufriedenes Lächeln huschte über Reinekes Gesicht. Er hatte es geschafft! Der König der Tiere begnadigte ihn, sprach ihn von allen Untaten frei und nahm ihn sogar wieder ehrenvoll an seinem

Hofe auf, während der Bär und der Wolf in den Kerker geworfen wurden. Was mit dem Dachs und dem Kater geschah, ist ungewiss. Mit dem Segen des Löwen und seines Kaplans, dem Widder Bellyn, machte sich Reineke auf den Weg nach Rom. Bevor er den Königshof verließ, wandte er sich an Bellyn und den frommen Hasen Lampe. „Ach, Ihr seid so redliche Leute, dazu Geistliche, die nach Gottes Gebot leben. *Jedermann redet nur Gutes von Euch*", schmeichelte er den beiden. „Wie schön wäre es, würdet Ihr mich ein Stück des Weges begleiten. *Das brächte mir Ehre.*" Die beiden dachten sich nichts Böses und willigten gutmütig ein.

Sie waren noch nicht lange unterwegs, da überredete Reineke seine beiden Begleiter, mit ihm einen Abstecher auf seine Burg zu machen. „Ich möchte mich von meiner Familie verabschieden", erklärte Reineke. „Sie machen sich sonst Sorgen." Nun, das war verständlich. Bald hatten sie Reinekes Burg erreicht. „Was sagt Ihr zu dem leckeren Gras?", wandte er sich an Bellyn und wies auf das saftige Grün, das sich vor den Toren der Burg ausbreitete. „Es ist das Leckerstes weit und breit", schwärmte Reineke. „Lasst es Euch schmecken und fresst, so viel Ihr wollt." Dann lud er Lampe ein, mit ihm in die Burg zu kommen. Dem Hasen war nicht ganz wohl dabei. Zögernd folgte er Reineke. Und tatsächlich. Kaum war das Burgtor hinter ihnen ins Schloss gefallen, packte Reineke den Hasen am Hals. Lampe schrie und schon im nächsten Augenblick hatte Reineke ihm die Kehle durchgebissen. Dann eilte er seiner Gemahlin entgegen, die glück-

lich auf ihn zukam. „Wie schön, dass ich dich gesund und munter wiedersehe", rief Frau Ermelyn. „Ich hatte schon mit dem Schlimmsten gerechnet."

„Wo denkst du hin!" Reineke lächelte gönnerhaft. „Es war mir ein Leichtes, den König von meiner Unschuld zu überzeugen. Denn hier ist der wahre Schuldige!" Er deutete auf den toten Hasen, der hinter ihm lag. „Lampe hat mich fälschlich bei Hofe beschuldigt. Seinetwegen hat man mir den Prozess gemacht. Aber dafür musste er jetzt büßen. Der König höchstpersönlich hat mir die Erlaubnis gegeben, Lampe für seine Tat zu bestrafen."

Kurz darauf war die ganze Familie versammelt und ließ sich den köstlichen Hasenbraten schmecken. Bis Bellyn, der Widder, unruhig vor dem Tor zu scharren begann. „*Lampe, wollt ihr nicht fort? So kommt doch! Lasset uns gehen!*", rief Bellyn ungeduldig und Reineke eilte ans Burgtor. „Mein Lieber, Lampe lässt sich entschuldigen", säuselte er. „Stellt Euch vor, er und meine Frau Ermelyn sind Verwandte! Das haben die beiden gerade festgestellt und die Wiedersehensfreude ist groß. Sie haben sich so viel zu erzählen. Deshalb bittet Lampe Euch, allein zum König zurückzukehren. Er kommt später nach."

Der Widder wollte schon gehen, da hielt Reineke ihn zurück. „Ich habe eine wichtige Nachricht für den König. Die bitte ich Euch mitzunehmen." Bellyn nickte gutmütig. Reineke verschwand in der Burg und kam wenig später mit einer großen Mappe zurück, die er Bellyn überreichte. „Den König wird meine Nachricht sehr erfreuen. Doch zügelt Eure Neugier", warnte er. „Der König würde es sofort sehen, wenn das Siegel erbrochen ist. Und noch etwas!", Reineke beugte sich vor und sprach im geheimnisvollen Flüsterton

zu Bellyn: „Wenn Ihr dem König sagt, Ihr hättet mir beim Verfassen der Nachricht geholfen, so bringt Euch das Vorteil und Ehre."
Wieder wiegte Bellyn zustimmend den Kopf und machte sich auf den Weg zum Königshof.

Nichts ahnend überreichte er dem Löwen die Mappe: „Eine Botschaft von Reineke", sagte er und fügte stolz hinzu. *„Wir haben sie beide zusammen ausgedacht."*

Entsetzen packte den König, als er die Botschaft geöffnet hatte! In der Mappe lag der Kopf von Lampe, dem Hasen. „Reineke hat mich betrogen!", knurrte der Löwe. „Wie konnte ich nur seinen Lügen Glauben schenken!" Umgehend berief er eine Ratsversammlung ein und ordnete als Erstes die Freilassung von Isegrim und Braun an, die zu Unrecht im Kerker saßen. Dann wurde Bellyn, der Widder, verurteilt. Seine Bestrafung war hart und traf nicht nur ihn, sondern seine gesamte Verwandtschaft. Der König erteilte Wolf und Bär die Erlaubnis, dass sie sich jetzt und in Zukunft am Widder und allen seinen Verwandten schadlos halten durften. Und so werden bis heute Widder, Schafe und Lämmer von Wölfen und Bären gerissen.

Wer aber meint, dass Reineke nun Ruhe gab, der täuscht sich sehr. Es dauerte nicht lange, da erreichten neue Schreckensmeldungen den Königshof. Einem Kaninchen, das auf dem Weg zum König war, hatte Reineke aufgelauert und ihm ein Ohr abgebissen. Und der Krähe Merkenau hatte er die Gemahlin geraubt und sie dann genüsslich verspeist. Das Maß war übervoll! Der König bebte vor Zorn und beschloss, mit seinen Soldaten gegen Reinekes Burg zu ziehen. Als Grimbart, der Neffe, das

hörte, machte er sich eilig auf, um seinen Onkel zu warnen. Angesichts der Bedrohung wollte sich Reineke umgehend zum Königshof begeben.

„Bloß das nicht!", rief der Dachs entsetzt und wackelte aufgeregt mit seinem Kopf. „Das bringt Euch den Tod!"

„Mitnichten!", antwortete Reineke selbstbewusst. *Der zornige König, wenn er mich hört, verändert den Sinn.* Und du, lieber Neffe, wirst mir behilflich sein, so wie es sich für einen Verwandten gehört. Es wird nicht umsonst sein. Ich werde mich dafür erkenntlich zeigen", versprach Reineke. Grimbart kratzte sich kurz am Kopf, dann war er einverstanden und ließ sich das leckere Mahl schmecken, das ihm Reinekes Frau auftischte.

Am nächsten Morgen machten sich Onkel und Neffe auf den Weg zum Königshof. Dort hatte sich bereits eine große Menge Schaulustiger versammelt. Alle wollten sehen, wie der Übeltäter nun endlich seine wohlverdiente Strafe erhielt. Wie schon das Mal zuvor, versuchte Reineke, den König mit listigen und schmeichelhaften Reden zu beeindrucken. Doch ohne Erfolg.

„All deine schönen Worte, *sie helfen nicht länger, Lügen und Trug zu verkleiden, nun bist du ans Ende gekommen*", antwortete der König ungerührt.

„O, mein König!", rief Reineke bekümmert. „Glaubt Ihr tatsächlich, dass ich dem Kaninchen das Ohr abgebissen und die Gemahlin der Krähe getötet habe? Gibt es denn Zeugen dafür? Einen einzigen, der meine Schuld beweisen kann?"

Im Saal herrschte Schweigen. Das Kaninchen und die Krähe wagten nichts mehr zu sagen, denn sie hatten keine Zeugen. Niemand

war dabei, als Reineke seine Missetaten verübt hatte. Unglaublich, aber gegen Reineke war nicht anzukommen. Niedergeschlagen verließen die beiden Geschädigten den Saal. Nun erzählte Reineke dem König seine Version der Geschehnisse. „So hört, Majestät, wie es wirklich war: Ich hatte das Kaninchen großzügig zu mir zum Essen eingeladen. Aber es verhielt sich nicht sehr nett zu meinen Kindern. Es ärgerte die Kleinen immer wieder und da haben sie das Kaninchen in ihrem kindlichen Übermut angegriffen. Wer kann's ihnen verübeln?", fragte Reineke mit betrübter Miene. „Und was die Krähenfrau betrifft, sie ist an den Gräten eines Fisches erstickt und das weiß ihr Gatte auch. Aber jetzt will er's mir anhängen!", entrüstete sich Reineke.

Der König richtete seine Löwenaugen durchdringend auf den Angeklagten. „Und was ist mit Lampe, dem Hasen, den du ermordet hast?"

„Wie? Lampe ist tot?", rief Reineke bestürzt. „Er war mein liebster Freund! Und was ist mit Bellyn?" Als Reineke hörte, was mit dem Widder geschehen war, schlug er entsetzt die Hände über dem Kopf zusammen. „Dann habt Ihr, o mein König, auch nie die Geschenke aus dem Schatz erhalten, die ich Euch mit Bellyn und Lampe schickte? Oh, ich verstehe!" Reineke tippte sich an die Stirn. „Bellyn hat den Hasen umgebracht und sich alle Schätze angeeignet. So war das also!" Reineke blickte dem Löwen dreist ins Gesicht.

„Oh nein! Ich lasse mich nicht mehr von dir beeindrucken", knurrte der Löwe, erhob sich von seinem Thron und wollte gehen, als Frau Rathenau, die Äffin, das Wort ergriff. Sie war sowohl eine Vertraute des Königs

und der Königin, aber auch mit Reineke verwandt. „Gewiss sind der Untaten viele, die Reineke begangen hat", sagte sie. „Aber bedenkt, dass es viele Neider gibt, die ihm feindlich gesonnen sind. Sie setzen alles daran, meinen Verwandten bei Euch ins schlechte Licht zu rücken. Und hat Reineke Euch nicht schon so manches Mal weise geraten, wo kein anderer mehr Rat wusste?" Dann schilderte die kluge Äffin einen Fall, als Reineke dem König in einer ausweglosen Angelegenheit geholfen hatte. Der König überlegte, konnte sich aber nicht so recht an die Sache erinnern. Noch einmal ergriff die Äffin das Wort: „Nun, vielleicht lassen sich die Schätze, die Bellyn gestohlen hat, wiederfinden?" „Ich gäb' was drum!", rief Reinecke voll Inbrunst. „Sie waren so köstlich, so wunderbar, so einzigartig!" Und eindrucksvoll schilderte er die wertvollen Herrlichkeiten, die er dem König und seiner Gemahlin angeblich geschickt hatte. In den höchsten Tönen schwärmte Reineke von der Schönheit und Zauberkraft des Schmucks und bedauerte wortreich seinen Verlust. „Doch sollte sich mir je eine Möglichkeit bieten, würde ich all diese Kostbarkeiten emsig suchen, um sie Euch, Majestät, glücklich zu Füßen zu legen." Zufrieden sah Reineke, dass seine Worte nicht ohne Wirkung waren, vor allem bei der Königin. „Reineke hat *die Schätze doch so zierlich beschrieben, sich so ernstlich betragen.* Mir scheint, dass er die Wahrheit sagt", sprach sie mit Nachdruck, und der König nickte schließlich bedächtig.

Da polterte und grollte es, als würde ein Gewitter losbrechen. „Scht Ihr denn nicht, dass der Schalk Euch wieder nur betrügt?", rief Isegrim, der Wolf, voll Inbrunst. „Von Schätzen prahlt er, die man nie-

mals finden wird. Und warum? Weil es sie gar nicht gibt! Er ist und bleibt ein Lügner. Ein Betrüger. Ein Dieb. Ein Mörder!" Isegrim ereiferte sich immer mehr. „Reineke fordert Zeugen für seine Schurkereien. Doch wer traut sich, zu reden? Natürlich niemand, denn jeder fürchtet, dass Reineke ihm dann etwas anhängt. Es hat keinen Sinn, noch länger Worte zu machen. *Kämpfen wollen wir gegeneinander, da wird es sich finden.*" Der Wolf bebte vor Zorn und Reineke war der Schrecken in die Glieder gefahren, denn im Zweikampf mit dem Wolf hatte er keine Chance. Isegrim war viel größer und stärker als er und mit listigen Streichen würde er sich nicht herauswinden können. Keine Frage, jetzt ging es um Leben und Tod. Reineke blieb nichts anderes übrig, als die Herausforderung anzunehmen. Doch irgendetwas würde ihm bestimmt auch dieses Mal einfallen. Irgendetwas musste ihm einfallen!

So machte sich Reineke am nächsten Tag auf den Weg zum Kampfplatz. König und Königin, der gesamte Hofstaat, Freund und Feind – alle waren sie versammelt und konnten es gar nicht erwarten, dass das Spektakel endlich begann. Einigen tropfte vor lauter Aufregung Geifer aus dem Maul. Der König ernannte zwei Kampfrichter und es ging los! Isegrim griff Reineke sofort an. Wild und grimmig sausten seine mächtigen Pranken auf den Fuchs nieder. Der bespritze den Wolf mit seinem ätzenden Urin und wirbelte dann mächtig Staub auf. Isegrim konnte nichts mehr sehen und Reineke nutzte die Gelegenheit: Er biss und schlug seinen Gegner so heftig, dass diesem das Blut in Strömen

übers Gesicht lief. Schließlich kratzte er dem blutenden Wolf auch noch ein Auge aus. Der heulte auf, begann zu taumeln und Reineke fühlte sich schon als Sieger. Da stürmte Isegrim wutentbrannt und rasend vor Schmerzen auf Reineke zu, packte ihn und drückte ihn zu Boden. Gegen die Kraft von Isegrim kam Reineke nicht an. Also versuchte er es mit süßen Worten und gab sich unterwürfig. „Bedenke nur, welche Vorteile es Euch brächte, würdet Ihr mich verschonen", säuselte Reineke seinem Gegner ins Ohr. „Ruhm und Ehre wird es Euch bringen, *denn höher vermag sich niemand zu heben, als wenn er vergibt.*"
„Falscher Fuchs", knurrte Isegrim und hielt Reineke weiter fest im Griff. „Und würdest du mir alles Gold der Welt bieten, ich würde dich nicht lassen. Einer wie du verdient weder Mitleid noch Gnade." Da jaulte Isegrim plötzlich laut auf. Reineke hatte zugetreten und den Wolf an seiner empfindlichsten Körperstelle erwischt. Isegrim, ganz von Sinnen vor Schmerz, ließ Reineke los. Heftig blutend sank er zu Boden, krümmte sich und brachte kein Wort mehr hervor. Die Kampfrichter, die Reinekes unfaires Verhalten nicht bemerkt hatten, erklärten den Fuchs zum Sieger. Während die Verwandten des Wolfes den Schwerverletzten auf einer Bahre vom Kampfplatz trugen, brüstete sich Reineke als Bezwinger des Wolfes. Aus dem Publikum strömten sie in Scharen zu Reineke: Verwandte und Freunde und viele, die ihm bisher feindlich gesonnen waren – jeder wollte der Freund des Siegers sein. Sie schmeichelten ihm, flöteten, sangen und schlugen ihm zu Ehren auf die Pauken.
„*Ihr habet mit Ehren Eure Sache vollführt*", lobte der König. „Für immer und ewig seid Ihr aller Strafen entbunden."

Reineke verbeugte sich, dankte untertänigst und sprach listig: „Gewonnen hab ich zwar, aber die üble Nachrede, oh gnädiger Herr, sie wird an mir hängen bleiben. Was gäb' ich drum, müssten sich die Freunde nicht meiner schämen."

„Ich verstehe Eure Bekümmernis", antwortete der König mitfühlend. „Ich werde Euch wieder als Ratsherrn an meinen Hof berufen, denn es braucht so einen klugen und weisen Kopf wie Euch. Mehr noch!", fügte er hinzu und wiegte bedächtig seinen großen Löwenkopf. „Reineke, Ihr sollt Kanzler des Reiches sein!", verkündete er majestätisch. „Was immer Ihr sagt, was immer Ihr anordnet: Es soll sein, als wäre es von mir befohlen."

Unglaublich! Hatte Reineke gerade noch seinem Ende entgegengesehen, war er jetzt Reichskanzler! Na, wenn das kein Erfolg war! Mit stolz geschwellter Brust zog er noch am selben Tag auf seine Burg, um Frau Ermelyn und seinen Söhnen die Neuigkeit zu überbringen. Als die Familie die Nachricht hörte, brach sie in großen Jubel aus, denn ihre Zukunft war nun gesichert. Fortan würden sie sorglos und heiter leben – und das bis an ihr Lebensende.

Und so endet die Geschichte von Reineke Fuchs. Sie möge den hochverehrten Leser über den Lauf der Welt belehren, damit er wisse, was zu tun ist, wenn man zu Ehre und Ruhm kommen will.

„In der Welt geht's immer so zu. Dem Glücklichen sagt man:
Bleibet lange gesund! Er findet Freunde die Menge.
Aber wem es übel gerät, der mag sich gedulden!"
(12. Gesang)

Hermann und Dorothea

Eine Liebe mit Hindernissen – oder ein Sohn geht seinen Weg

Es kommen vor
Hermann, einziger Sohn eines wohlhabenden Gastwirtes
Hermanns Eltern
Der Pfarrer und der Apotheker des Ortes
Dorothea, eine junge Flüchtlingsfrau

Zeit und Ort
Eine Kleinstadt im Rheinland während der
deutsch-französischen Auseinandersetzungen um 1796

„Wir können die Kinder nach unserem Sinne nicht formen.
So wie Gott sie uns gab, so muss man sie haben und lieben."
(Hermanns Mutter, 2. Gesang)

Weg! Ich wollte nur noch weg. Hinaus aus der engen Stube, weg von den Anschuldigungen und Vorwürfen des Vaters, die kein Ende nehmen wollten. Wie giftige Pfeilspitzen bohrten sie sich in mein Inneres und schmerzten wie Salz in einer Wunde. Ich nahm all meine Kraft zusammen, stand vom Tisch auf, schaute weder zum Vater noch zur Mutter, auch nicht zum Pfarrer oder dem Apotheker, die mit am Tisch saßen, und ging zur Tür. „*Wenig Freud' erleb ich an dir*!", rief der Vater mir zornig hinterher und noch viele andere demütigende Worte. Ich brachte keinen Ton heraus. Wie benommen zog ich die Tür hinter mir ins Schloss, verließ das Haus und den Hof, setzte meine Füße, bleischwer, einen vor den anderen, ging durch den Garten, durch die Gassen, hatte schließlich die Mauern des Städtchens hinter mir gelassen und kam zu unserem Weinberg. Nahm den schmalen, steinigen Pfad zwischen den Rebstöcken, stieg hinauf bis zur Anhöhe und ließ mich im Schatten des alten Birnbaums auf einer Bank nieder: erschöpft, verzweifelt, ratlos. Der Schweiß rann mir übers Gesicht. Es war noch immer drückend heiß, auch wenn die Sonne den Zenit schon überschritten hatte. Der Anblick der Wiesen und Felder, die so still und friedlich unter dem blauen Sommerhimmel lagen, milderten meinen Schmerz und meine Unruhe. Die dunklen Nebel in meinem Kopf begannen sich zu lichten. Ich wusste schon lange, dass ich nicht der Sohn war, den der Vater sich wünschte. Ich sollte so sein wie er, um alles dann noch besser zu machen als er. Studie-

ren sollte ich, meine Stimme im Rat der Stadt erheben, Einfluss nehmen und Großes bewirken im Städtchen. Dafür wollte er mich demnächst sogar auf Reisen schicken. Große Städte sollte ich kennenlernen, *wenigstens Straßburg und Frankfurt. Und das freundliche Mannheim, das gleich und heiter gebaut ist,* wie er sagt. Doch danach stand mir nicht der Sinn. Das war es nicht, was mich bewegte, was ich suchte, was ich brauchte.

Mein Blick wanderte über unseren Weinberg und die angrenzenden Felder. Die Reben standen prächtig, das Korn auch. Wir würden dieses Jahr eine gute Ernte einfahren und einen guten Wein würde es auch geben. Das war mein Verdienst. Es hätte mich mit Stolz erfüllen können, würde nicht der Vater immer so verächtlich über mein Tun sprechen. Sein Herr Sohn interessiere sich nur für Feldarbeit und Pferde, mache Arbeiten, die ein wohlhabender Mann seinem Knecht überlassen sollte. Kein Ehrgefühl habe er. Strebe nicht nach Höherem, sondern verkrieche sich dumpf hinterm Ofen. Immer wieder warf er mir vor, dass ich in der Schule nicht gut war. Dass ich immer bei den Untersten gesessen hätt' und wie froh er selbst gewesen wär', hätt' sein Vater ihm die Schulbildung ermöglicht, die er mir hat zukommen lassen. Dann wär' er was anderes als der Wirt „Zum Goldenen Löwen" geworden, so sagte er jedes Mal verbittert, als wär's was Schlechtes, ein Gastwirt zu sein! Undankbar schimpfte er mich. Aber vielleicht war dies das Los, wenn man das einzige Kind seiner Eltern war! Ich ehrte sie, den Vater und die Mutter, das war mir oberstes Gebot. Auf ihre Worte gab ich als Kind viel. Nichts ließ ich auf sie kommen. Wenn mich der Spott der anderen traf – was in meiner Kindheit sehr oft der Fall war –, so hab' ich

mich nicht gewehrt. Aber wenn's um den Vater ging, hab' ich ihn vor den Klassenkameraden verteidigt. Wenn's sein musste auch mit den Fäusten. Wie oft haben sie sich über ihn lustig gemacht, wenn er sonntags mit bedächtigen Schritten aus der Kirche kam. Seine schrullige Kleidung haben sie verhöhnt – und ich hab' ihn immer verteidigt. Obwohl ich oft seinen Unmut erdulden musste, wenn er von einer Ratssitzung nach Hause kam, wo's Streit mit seinen Kollegen gegeben hatte. Als Kind ertrug ich's mit Gleichmut, wenn er seinen Ärger an mir ausließ. Aber jetzt konnte und wollte ich seine Missachtung nicht länger ertragen. Ich würde gehen. Fortgehen. In den Krieg ziehen, auch wenn's mich das Leben kosten sollte. Der Gedanke trieb mir Tränen in die Augen. Auf einmal stand die Mutter vor mir. Ich hatte sie nicht kommen gehört und rasch wischte ich mir mit der Hand übers Gesicht. Sie schaute mich betroffen an: „Du weinst? Das hab ich bei dir noch nie gesehen. Was ist's, was dich so bekümmert?" Sie setzte sich neben mich auf die Bank.

Ich weiß nicht warum, aber ich konnte ihr nicht sagen, was mich wirklich bewegte. Vielleicht saß der Schmerz zu tief, und so sprach ich von dem Leid und der Not, die ich heute gesehen hatte im Flüchtlingstreck, der um die Mittagszeit nahe am Städtchen vorbeigezogen war. Die Mutter hatte mich losgeschickt, den Armen, die der Krieg aus der Heimat vertrieben hatte, Essen, Kleidung und Leinen zu bringen. „Angesichts all dieses Elends kann ich nicht länger tatenlos zu Hause bleiben", erklärte ich ihr. „Muss das Vaterland verteidigen, mit gutem Beispiel vorangehen und dafür auch mein Leben aufs Spiel setzen. Werde mich noch heute zum Kriegsdienst melden. Nach Hause kehr' ich nicht mehr zurück. Gleich von hier aus geh' ich in die Stadt." Ganz entschlossen hatte ich gesprochen, denn ganz entschlossen wollte ich sein. Doch als ich dann zur Mutter sah, die verzweifelt war und nicht verstand, welche Veränderungen in mir vorgegangen waren, denn der Krieg und das Kämpfen seien doch nicht meine Sache, und sie mich inständig bat, ihr offen und ehrlich zu sagen, was mich wirklich bewegte, da konnte ich ihr meine wahren Gründe nicht verheimlichen. Und während ich ihr von den Kränkungen erzählte, die mir die Worte des Vaters immer wieder zufügten, liefen mir erneut Tränen übers Gesicht. Ich sprach auch darüber, wie mich der Wunsch des Vaters nach einer Schwiegertochter bedrängte. Auch ich hatte große Sehnsucht nach einer Ehefrau. Doch er forderte, meine Zukünftige solle standesgemäß sein. Nur ein Mädchen aus wohlhabendem Haus und mit reichlich Mitgift ausgestattet komme infrage. Wie hatte er mir von den Töchtern des reichen Nachbarn vorgeschwärmt. Wär' er an meiner Stelle, er hätte sich schon längst

eines der Mädchen als Braut geholt, hatte er mir herablassend gesagt.

Doch mit diesen Mädchen wollte ich nichts zu tun haben. Zu oft hatten sie sich über mich lustig gemacht, mich gekränkt und meinen Stolz beleidigt. Mit ihrem Klavierspiel und ihrem Gesang weiß ich nichts anzufangen. Versteh' oft nicht, worum es geht. Und als ich einmal nachfragte, was es denn mit Pamina und Tamino auf sich habe, von denen sie gesungen hatten, da sagte der Vater der Mädchen von oben herab: „Nun, mein Freund, du kennst wohl nur Adam und Eva." Da waren alle in schallendes Gelächter ausgebrochen und ich hatte mich beschämt nach Hause geschlichen. Und noch immer nennen sie mich Tamino. Nein, das ist nicht das Haus, wo ich die Frau finde, der ich mein Herz schenken kann.

Die Mutter hatte mir aufmerksam zugehört. „Ja, es muss die Richtige kommen", sagte sie verständnisvoll. „Und mir scheint, dass du sie auch schon gefunden hast." Ich schaute sie verdutzt an.

„Als du heute Mittag von deinem Ausritt zu den Flüchtlingen zurückgekommen bist, hast du von einem jungen Mädchen erzählt, das einer Schwangeren hilfreich zur Seite gestanden hat. Ihr, so

sagtest du, hast du alle unsere Gaben anvertraut. Und auch dein Herz, scheint mir. In sie hast du dich verliebt, nicht wahr?"

Ich war sprachlos, fiel der Mutter, die mich so gut verstand und bis in mein Herz schauen konnte, um den Hals. „Ja. Sie ist's! Sie möchte ich als Braut nach Hause führen. Und es drängt die Zeit. Noch heut muss ich zu ihr. Im Nachbardorf haben die Flüchtlinge Rast gemacht und verbringen dort die Nacht. Morgen schon werden sie weiterziehen und dann wär' sie mir verloren. Aber nach allem, was der Vater gesagt hat, wird er sie wohl kaum als meine Braut anerkennen. Deswegen komme ich nicht mehr nach Hause zurück."

Die Mutter seufzte. „Zwei Sturköpfe seid ihr!" Und dann sprach sie über den Vater, der manchmal etwas hitzig sei und es nicht so meine. Sie redete so lange, bis ich einwilligte, noch einmal ein Gespräch mit ihm zu wagen. Die Gelegenheit sei günstig, denn gewiss seien der Pfarrer und der Apotheker noch da und könnten guten Einfluss auf ihn ausüben. Die Mutter nahm mich bei der Hand und wir machten uns auf den Weg.

Mulmig war mir zumute, als wir aus dem lichten Sonnenschein in die kühle Wirtsstube traten. Wie vermutet saßen sie noch zusammen am Tisch: der Vater mit dem Pfarrer und dem Apotheker. Die Mutter erzählte sogleich von meinen Heiratsplänen. Der Vater schaute grimmig drein und es waren die Worte des Pfarrers und der Mutter, die seinen Unmut bändigten, sodass er dem Vorschlag des Pfarrers zustimmte, Erkundigungen über das Flüchtlingsmädchen einzuziehen.

Wir brachen sofort auf. Ich spannte die Pferde vor die Kutsche und fuhr den Pfarrer und den Apotheker in die Nähe des Nach-

bardorfes, wo die Flüchtlinge ihr Lager aufgeschlagen hatten. Weit genug entfernt hielt ich an und ließ die beiden aussteigen. Ich beschrieb ihnen das Mädchen. Eine so hübsche und hilfsbereite junge Frau würden sie mit Leichtigkeit ausfindig machen. Als sie gegangen waren, lenkte ich die Kutsche mit den Pferden in den Schatten der Bäume und wartete. Hin und wieder schaute ich zu dem Weg, der ins Dorf führte, doch der Pfarrer und der Apotheker waren nicht zu sehen. Die Hitze ließ allmählich nach, ich dachte an das Mädchen und ich weiß nicht warum, aber auf einmal stiegen düstere Gedanken in mir auf und ich bemerkte gar nicht, dass der Pfarrer und der Apotheker zurück waren. Gut gelaunt standen sie auf einmal neben mir und lobten meine vorzügliche Wahl. Sie erzählten, wie viel Gutes sie über die junge Frau erfahren hatten, was mich sehr freute. Doch als der Pfarrer vorschlug, sogleich um sie zu werben, wurde mir bange. Ich war mir zwar sicher, dass mein Herz ihr gehörte, von der ich nun wusste, dass sie Dorothea hieß. Aber wie stand es um sie? Würde sie meine Gefühle erwidern? War ihr Herz überhaupt noch frei? Wahrscheinlich war eine so hübsche junge Frau wie sie schon

in festen Händen und ich würde mir einen Korb holen, wenn ich um ihre Hand anhielte. Ich beschloss, noch einmal allein zu ihr zu gehen, um herauszufinden, wie es um sie stand. Ich bat also meine beiden Begleiter, ohne mich zu den Eltern zurückzufahren. Ich würde später zu Fuß nach Hause gehen – vielleicht beglückt, vielleicht betrübt. Sie waren einverstanden.

Ich schaute der Kutsche nach, bis sie hinter einer kleinen Anhöhe verschwunden war. Die Sonne stand schon tief. Ein heißer Sommertag neigte sich dem Ende zu. In den Wiesen zirpte es, Vögel tirilierten munter ihre Abendlieder von den Bäumen, als wollten sie mir Mut machen. Unentschlossen stand ich da. Doch wollte ich Klarheit, musste ich es wagen und zu ihr gehen. Schließlich machte ich mich auf den Weg ins Dorf. Beklommen war mir ums Herz, immer wieder wollte ich umkehren. Doch dann sah ich eine anmutige Gestalt näher kommen. Sie trug ein schwarzes Mieder und roten Latz, die weiße Bluse am Hals gekräuselt, einen wallenden blauen Rock und dicke Zöpfe, die den zierlichen Kopf einrahmten. Ich erkannte sie sofort. Heiteren Schrittes, zwei Wasserkrüge

in der Hand, kam sie daher. Als sie mich sah, machte sich auf ihrem Gesicht ein freudiges Lächeln breit. Das gab mir Mut und so ging ich beschwingt auf sie zu und bot ihr meine Hilfe beim Wasserholen an. Gemeinsam gingen wir zum Brunnen und sprachen eine Weile unbeschwert miteinander. Dann fragte sie mich, warum ich denn noch einmal gekommen sei. Mir fehlte der Mut, ihr den wahren Grund zu nennen. Also sprach ich von der elterlichen Wirtschaft, der vielen Arbeit, die es bei uns gab und dass wir zupackende Hände bräuchten. Dann geriet ich ins Stottern. Es war mir auf einmal so peinlich!

„Scheut Euch nicht, sprecht nur weiter", sagte sie in ihrer heiteren, ungezwungenen Art. „Ihr beleidigt mich nicht. Im Gegenteil. Ihr bietet mir an, bei Euch als Magd zu arbeiten, und ich bin Euch dankbar dafür, denn so schnell werden wir Flüchtlinge nicht in die Heimat zurückkehren können! So nehme ich Euer Angebot gern an. Ich will mich nur rasch von meinen Leuten verabschieden, dann komme ich mit Euch."

Ihre Worte hatten mich froh und heiter gestimmt und ich überlegte, ob ich ihr nicht doch die Wahrheit sagen sollte. Da sah ich den goldenen Ring an ihrem Finger: Sie war also verlobt! Mir verschloss sich der Mund. Ich begleitete sie ins Flüchtlingslager, wo sie sich von ihren Bekannten und Nachbarn verabschiedete, die sie nur ungern ziehen ließen. Und das verstand ich gut, war sie doch so hilfsbereit, so voller Wärme und Mitgefühl für die anderen. Immer wieder musste ich sie anschauen, und dann klopfte mein Herz wild und ungestüm.

Als wir das Flüchtlingslager verließen, versank die Sonne gerade am Horizont und in der Ferne ballten sich dunkle Gewitterwol-

ken am Abendhimmel. „Hoffentlich gibt es keinen Hagel, der uns die gute Ernte zunichte macht", sagte ich und sie nickte verständnisvoll. Schweigend gingen wir nebeneinander her, vorbei an Wiesen und Feldern und mir war sehr wohl an ihrer Seite. Wir waren schon eine Weile unterwegs, die Sonne war untergegangen, kein Lüftchen regte sich und dumpfe Gewitterschwüle lag über allem, da ergriff sie das Wort, wollte wissen, wie sie sich meinen Eltern gegenüber verhalten sollte. Ich war über mich selbst verwundert, wie gelöst und frei ich ihr von den Eltern erzählte, der verständnisvollen Mutter und dem Vater, mit dem es nicht immer ganz einfach war. „Und wie soll ich dir als dem einzigen Sohn und meinem zukünftigen Dienstherrn begegnen?", fragte sie.

Mir schoss das Blut ins Gesicht und ich war froh, dass es bereits dunkel war, wenngleich der Mond voll und klar am Himmel glänzte. „Lass dein Herz es dir sagen und folge ihm", antwortete ich und blieb stehen. Wir hatten die Anhöhe unseres Weinberges erreicht. Im stillen Einverständnis setzten wir uns zusammen auf die Bank unter den Birnbaum und schauten schweigend auf das mondbeschienene Land. Jetzt konnte ich es wagen, ihr meine Gefühle zu offenbaren. Zaghaft griff ich nach ihrer Hand. Sie ließ es geschehen. Doch dann spürte ich den Ring an ihrem Finger und gab die Hand wieder frei.

In der Ferne war heftiges Wetterleuchten zu sehen. „Lass uns gehen, damit wir vor dem Gewitter im Haus sind", sagte ich. Wir standen auf, stiegen

92

mal neben-, mal hintereinander den schmalen, steinigen Pfad zwischen den Rebstöcken hinunter. Auf einmal hörte ich hinter mir einen leisen Aufschrei, drehte mich um und konnte sie, die gestolpert war, gerade noch auffangen. Es war schön, sie plötzlich im Arm zu halten. Ihr warmer Atem war ganz nah, ihre Wange ganz dicht an der meinen. Wie drängte es mich, ihr meine Gefühle zu zeigen!

„Oh je, was werden deine Eltern sagen, wenn du ihnen eine hinkende Magd ins Haus bringst?", fragte sie scherzhaft, löste sich aus der Umarmung und setzte tapfer den Fuß auf, mit dem sie umgeknickt war. Sie konnte ein leises schmerzhaftes Stöhnen nicht unterdrücken, doch sie bestand darauf, dass wir unseren Weg fortsetzten. Ich bewunderte, wie sie die Zähne zusammenbiss und beherzt weiterging.

Donner grollte in der Ferne und Blitze zuckten über den Himmel, als wir am Haus meiner Eltern ankamen. Ich öffnete die Tür zur Gaststube und da saßen sie alle: die Eltern, der Pfarrer und der Apotheker. Überrascht schauten sie uns an, mich und Dorothea.

„Hier ist sie!", stieß ich aufgeregt und auch ein wenig stolz hervor und zum Vater gewandt: „Ein Mädchen, wie ihr es euch im Hause wünscht." Ich sah, dass der Vater und die Mutter von Dorotheas Erscheinung sehr angetan waren. Doch dann begann der Vater in spöttischem Ton zu ihr zu sprechen, nannte sie herablassend „Mädchen des Auslands" und gebrauchte noch andere verunglimpfende Worte. Ich zitterte und wagte nicht, ihr ins Gesicht zu schauen. Dorothea stand regungslos neben mir

und sagte nichts. Als der Vater zu Ende gesprochen hatte, lag eine drückende Stille über dem Raum. Ich spürte, wie sich etwas Bedrohliches zusammenbraute. Der Pfarrer sagte irgendetwas Versöhnliches. Dann hörte ich Dorothea sprechen. Ihre Stimme bebte, als sie erklärte, wie sehr die Rede des Vaters sie kränke und dass sie nicht bleiben, sondern zu den Ihrigen zurückgehen werde. Ich stand wie zu Stein erstarrt, unfähig, etwas zu sagen. Sie sei mir zwar als Magd gefolgt, aber auch ihrem Herzen. Und sie habe gehofft, wir könnten zueinanderfinden. Aber es sei dumm von ihr gewesen zu glauben, ein armes Mädchen wie sie könne mit einem Sohn aus reichem Hause zusammenkommen. Dann wandte sie sich zum Gehen, stand schon an der Tür, als die Mutter sie zurückhielt. „Nein, ich lass dich nicht. Du bist die Verlobte meines Sohnes."

Als hätten die Worte der Mutter den Mut geweckt, der in mir schlummerte, konnte ich endlich auf Dorothea zugehen und ihr erklären, dass ich sie nicht als Magd, sondern als Braut nach Hause holen wollte. Kaum hatte ich zu Ende gesprochen, fiel sie mir stürmisch um den Hals und küsste mich. Und ich küsste sie. Was der Vater sagte, was die Mutter sprach – ich weiß es nicht. Ich war wie berauscht und mir war's wie im Traum, als der Pfarrer auf einmal mit den Ringen der Eltern vor uns stand, um uns zu verloben. Doch als ich ihr den Ring über den Finger streifen wollte,

stockte ich. Wegen des goldenen Ringes, den sie bereits trug. Aufrichtig und freimütig erzählte sie von ihrem früheren Verlobten, dem sie in Liebe zugetan war, der jedoch im Krieg gefallen war und dessen Erinnerung sie mit dem Ring ehren wolle. Dann nahm sie meinen Ring und steckte ihn neben den anderen. Ein unendliches Glücksgefühl erfüllte mich, denn ich wusste, dass ich die Richtige zur Braut gewählt hatte: eine Frau, so ehrlich, so aufrichtig, so herzlich. Eine, die in guten wie in schlechten Zeiten zu mir halten würde.

„Lass dein Herz dir es sagen und folg ihm frei in allem!"
(Hermann, 8. Gesang)

*„Heilig sei dir der Tag; doch schätze das Leben
nicht höher als ein anderes Gut, und alle Güter sind trügerisch"*
(Dorothea, 9. Gesang)

Der Zauberlehrling

Übermut tut nicht gut!

Es treten auf
Ein neugieriger Zauberlehrling
Der alte Hexenmeister
Ein verzauberter Besen

Ort des Geschehens
Die Küche des Hexenmeisters

*„Die ich rief, die Geister,
Werd' ich nun nicht los."*
(Zauberlehrling)

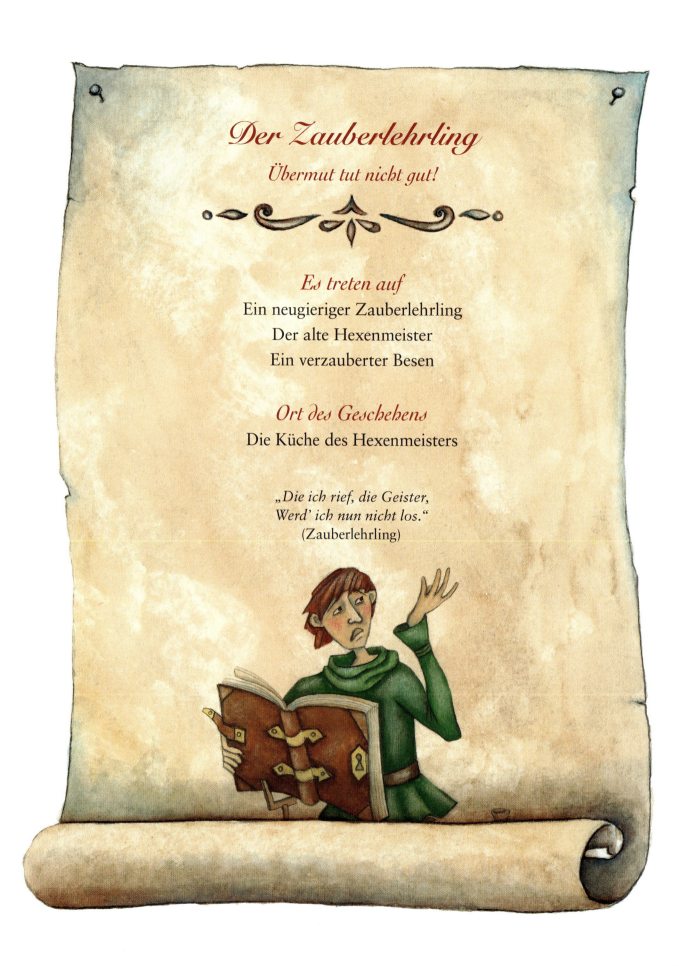

Mit einem leisen „Klick" fiel die Tür ins Schloss. Der Hexenmeister war fort und sein Lehrling alleine zu Haus. Ganz alleine! Was für eine einmalige Gelegenheit! Jetzt konnte er seine Zauberkräfte einmal erproben. Oft genug hatte er seinem Meister schon zugeschaut und ihm auch einige Zaubersprüche abgelauscht. Es wäre doch gelacht, wenn er sich nicht auch einen dienstbaren Geist herbeizaubern könnte, so wie es sein Meister immer tat. So schwer konnte das doch nicht sein! Der Blick des Lehrlings fiel auf den großen Besen, der in der Küche stand. Wie er es bei seinem Meister gesehen hatte, richtete er seinen Blick mit aller Kraft auf den Besen und sprach mit bebender Stimme:

„Auf zwei Beinen stehe,
Oben sei ein Kopf,
Eile nun und gehe
Mit dem Wassertopf!"

Und sieh da, der Besen verwandelte sich wie gefordert in ein Wesen mit Kopf und Beinen! Der Zauberlehrling beeilte sich, ihm seinen Auftrag zu erteilen:

„Walle! Walle
Manche Strecke,
Dass zum Zwecke
Wasser fließe,
Und mit reichem, vollem Schwalle
Zu dem Bade sich ergieße!"

Schon rannte der Besen mit einem Eimer los, hinaus aus der Küche, zum nahen Fluß und kam gleich drauf mit einem Eimer voll Wasser zurück. „Na, bitte! Wer sagt's denn! Was der Meister kann, das schaffe ich auch", sagte sich der Zauberlehrling mit stolz geschwellter Brust und verfolgte, wie der Besen erneut mit dem Eimer zum Wasserholen lief. Ruck, zuck war der hilfreiche Geist wieder da, schüttete das Wasser ins Becken. Das aber war schon randvoll und lief jetzt über. „Halt, genug!", rief der Zauberlehrling. Und weil der Besen nicht reagierte, rief er lauter:

„Stehe! Stehe!
Denn wir haben
Deiner Gaben
Voll gemessen!"

Doch der Besen war mit dem Eimer schon wieder davongeeilt. Mist! Wie war doch gleich der Zauberspruch, um den Besen zu stoppen?

„... Wehe! Wehe!
Hab' ich doch das Wort vergessen!",

murmelte der Lehrling und Entsetzen packte ihn, denn der Besen brachte schon den nächsten Eimer mit Wasser. Und dann noch einen. Und noch einen! Das Wasser lief nun in Strömen über den Küchenfußboden. Der Lehrling versuchte, den Besen festzuhalten, damit er nicht noch mehr ... Doch vergeblich! Der Besen wich dem Zauberlehrling immer wieder geschickt aus. Dieser schimpfte und tobte:

„O, du Ausgeburt der Hölle!
Soll das ganze Haus ersaufen?
Seh' ich über jede Schwelle
Doch schon Wasserströme
laufen."

Der Besen aber holte unbeirrt weiter Wasser: Eimer um Eimer um Eimer. Da packten Angst und Verzweiflung den Jungen. Er schimpfte und bat und flehte:

„Ein verruchter Besen,
Der nicht hören will!
Stock, der du gewesen,
Steh doch wieder still!"

Doch der Besen erledigte beharrlich seine Aufgabe. Da hatte der Lehrling eine Idee. Er holte eine Axt und als der Besen das nächste Mal in die Küche kam, schlug er mit voller Wucht auf ihn ein. Der Besen brach entzwei. Dem Lehrling fiel ein Stein vom Herzen und er jubelte:

„Wahrlich, brav getroffen!
Seht, er ist entzwei!
Und nun kann ich hoffen,
Und ich atme frei!"

Doch, oh wei!

Zwei!

Er traute seinen Augen nicht: Da waren plötzlich zwei Besen! Zu zweit liefen sie nun los und holten Wasser. Dem Lehrling verschlug es die Sprache. Mit Grauen sah er, wie sich das Wasser im ganzen Haus ausbreitete… Schon lief es über die Treppen. Wasser… Wasser… Wasser… wohin er sah. Ein jammervoller Hilferuf schallte durchs Haus:

„Herr und Meister! Hör' mich rufen!"

Und da stand er mitten in der Küche: der große, alte Hexenmeister! Sein Gesicht war regungslos, als ihn der Lehrling beschämt anflehte:

„Herr, die Not ist groß!
Die ich rief, die Geister,
Werd' ich nun nicht los."

Gelassen wandte sich der alte Meister an die beiden Besen und befahl ihnen kurz und knapp:

„In die Ecke,
Besen! Besen!
Seid's gewesen!"

Und dann ermahnte er sie noch:

„Denn als Geister
Ruft euch nur, zu seinem Zwecke,
Erst hervor der alte Meister."

Mit einem Male war es mucksmäuschenstill im ganzen Haus. Die Besen standen in der Ecke und dem Zauberlehrling fiel vor Erleichterung nicht nur ein Stein vom Herzen, sondern eine ganze Lawine. Das war gerade noch mal gut gegangen!

Faust – erster Teil

Tragische Geschichte um Wissensdrang und Lebenslust

Es treten auf
Dr. Heinrich Faust
Mephisto, der Teufel
Margarete, genannt Gretchen, ein junges Mädchen
Marthe Schwertlein, Nachbarin von Gretchen
Valentin, Gretchens Bruder
Wagner, Bediensteter von Faust
Allerlei Hexen und Geister

Ort und Zeit
Deutschland: Leipzig und der Harz
um 1500, als das Mittelalter zu Ende ging
und eine neue Zeit anbrach

„Da steh ich nun, ich armer Tor!
Und bin so klug als wie zuvor (…)
Und sehe, dass wir nichts wissen können!
Das will mir schier das Herz verbrennen."
(Faust, 1. Szene „Nacht")

„Wetten, dass es mir gelingt, einen klugen Gelehrten wie den Doktor Faust zum Bösen zu verführen!", hatte Mephisto zu Gott gesagt und ihn dabei herausfordernd angeschaut. Doch Gott hatte Vertrauen in die Menschen. Er war überzeugt, dass sie letzten Endes doch den rechten Weg kannten, und so ließ er Mephisto gewähren. Der machte sich sofort siegesgewiss auf den Weg zur Erde.

* * *

Es war schon weit nach Mitternacht, die Stadt lag still und düster, nur im Haus des Wissenschaftlers Doktor Faust brannte noch Licht. Flackernde Fackeln warfen in der Studierstube gespenstische Schatten auf die Wände und die mit Büchern vollgestopften Regale. Der Gelehrte saß verzagt an seinem Schreibtisch. Schwere Gedanken quälten ihn. Wie lange schon studierte er! Und was hatte er nicht alles studiert! Philosophie und Juristerei, Medizin und Theologie. Aber sein Wissen war noch immer unzureichend. „Nichts sehnlicher wünsche ich mir, als *dass ich erkenne, was die Welt im Innersten zusammenhält*", seufzte Faust und schaute hinaus in die dunkle Nacht. Vielleicht sollte er einmal mit Magie versuchen, der Welt ihre Geheimnisse zu entreißen. Schließlich griff er nach einem dicken, alten Buch, vertiefte sich in die Anweisungen und beschwor mit einer Zauberformel die magische Kraft der Erde. Und tatsächlich! Aus der lodernden Kerzenflamme, die vor ihm auf dem Schreibpult stand, erschien der Erdgeist. Er war ein mürrischer und unfreundlicher Geselle,

der Faust mit seinem Anliegen sofort überheblich zurückwies. Der Wissbegierige war enttäuscht. Die Magie würde ihm also auch nicht weiterhelfen. Alles erschien ihm so sinnlos: das Lesen, das Studieren, ja, das ganze Leben. Verzweiflung packte den Gelehrten und in seiner Not griff er nach einem Fläschchen Gift, das er zwischen den Büchern aufbewahrte. Als er zum Trinken ansetzte, hörte er von draußen hellen, engelsgleichen Gesang und Glockengeläute. Da war es ihm, als erwachte er aus einem bösen Traum. Es waren die Osterglocken, die vom nahen Dom zu ihm herüberschallten. Andächtig lauschte er dem feierlichen Gesang. Erinnerungen an schöne Kinderzeiten tauchten auf und dem Gelehrten stiegen vor Rührung Tränen in die Augen. *„Die Erde hat mich wieder"*, rief er freudig und schob entschieden das Gift beiseite.

Am Nachmittag machte sich Faust mit seinem Diener Wagner auf zu einem Osterspaziergang. Gut gelaunt zogen sie zum Stadttor hinaus in die Natur, die gerade aus dem Winterschlaf erwacht war. Überall begann es zu grünen und zu blühen. Viele Leute waren unterwegs und immer wieder nickte man ihm freundlich zu, denn er war ein angesehener Arzt und Gelehrter in der Stadt. Auf der Wiese und im Schatten von Bäumen hatten sich Menschen gemütlich niedergelassen und feierten. Sie musizierten, tanzten und sangen. Nachdenklich betrachtete Faust das muntere Treiben. *„Zwei Seelen wohnen, ach, in meiner Brust!"*, seufzte er. Wie gerne würde er auch ausgelassen das Leben genießen. Aber unbändig war sein Drang, die Welt zu erkennen, und so studierte und studierte er und verbrachte die Zeit mit Büchern.

Die beiden Männer spazierten noch eine Weile weiter und als es dämmerte, machten sie sich auf den Heimweg. Kurz bevor sie das Stadttor erreichten, fiel Faust ein merkwürdiger schwarzer Hund auf. „Siehst du das Tier hinter uns?", fragte er seinen Begleiter.

„Ihr meint den schwarzen Pudel?", antwortete Wagner, ohne sich umzuschauen. „Der folgt uns schon eine ganze Weile."

„Mir scheint, als ob er einen Feuerschweif hinter sich herzieht." Beunruhigt blickte sich Faust nochmals nach dem Hund um.

„Also, ich seh nichts als einen ganz normalen schwarzen Pudel", entgegnete Wagner und blieb stehen. „Schaut doch nur, wie er mit dem Schwanz wedelt und sich Euch zu Füßen wirft. Das ist ein typisch hündisches Verhalten!"

In der Tat, der Pudel verhielt sich, wie es seiner Art entsprach, und Faust war erleichtert. Die beiden Männer setzten ihren Weg fort und der Hund folgte ihnen. Er begleitete Faust bis ins Hause, ja sogar bis in die Studierstube. „Na meinetwegen", brummte Faust. „Du kannst hierbleiben. Hast scheinbar keinen Herrn."

Der Gelehrte setzte sich an den Schreibtisch und schlug ein Buch auf. Doch er kam nicht zum Arbeiten. Unruhig lief der Pudel im Zimmer umher und knurrte leise. Mit einem Male war es Faust, als würde der Schatten des Hundes seine Gestalt verändern. Er wurde riesengroß

und sah aus wie ein Nilpferd. Keine Frage, dieser Pudel war kein normaler Hund. Als Faust ihn mit magischen Sprüchen zu bannen versuchte, füllte sich das Zimmer plötzlich mit dicken Nebelschwaden und aus dem Dunst trat eine schwarz gekleidete Männergestalt hervor.

„*Das also war des Pudels Kern*!", stellte Faust amüsiert fest und betrachtete den Mann. „Und wer seid Ihr?", erkundigte er sich.

„Ein Student auf Reisen", behauptete der Fremde.

„Soso", schmunzelte Faust. „Und wer seid Ihr wirklich?"

„Ich bin der Neinsager. *Ein Teil von jener Kraft, die stets das Böse will und stets das Gute schafft*", erklärte der rätselhafte Mann. Es war kein anderer als Mephisto höchstpersönlich, der Faust herausfordernd anschaute. „Ich weiß, was dir fehlt. Was dich bedrückt. Es sind die Freuden des Lebens, die du vermisst: Abenteuer, Spaß und Genuss, Kuss und Lust. Und die Liebe!", frohlockte Mephisto. „Hör zu", raunte er. „*Ich gebe dir, was noch kein Mensch gesehn*. Und du wirst endlich erfahren, was es heißt zu leben, das Leben in vollen Zügen zu genießen. Ich bin dir zu Diensten, was immer du wünschst."

„Das hört sich teuflisch gut an", erwiderte Faust vergnügt. „Vernunft und Wissenschaft haben bisher meinen Erkenntnisdrang nicht erfüllen können. Warum sollte ich es nicht mal mit dem Leben probieren?" Er rückte seine Brille zurecht und

strich sich gedankenverloren über seinen Bart. „Gut!", sagte er schließlich. „Gelingt es dir und *werd ich zum Augenblick sagen: Verweile doch! Du bist so schön!*, dann hast du gewonnen. Dann bin ich dein. Dann diene ich dir, Teufelskerl, und meine Zeit auf Erden ist um."

„*Topp!* Die Wette gilt", antwortete Mephisto und grinste zufrieden. „Lasst uns gleich mit dem neuen Dasein beginnen! Tauchen wir ein ins fröhliche Leben! Ich kenne ein Wirtshaus, in dem geht es munter zu. Also, auf in Auerbachs Keller! Nimm Platz!" Mephisto breitete seinen Umhang auf dem Boden aus und Faust ließ sich darauf nieder. Lautlos erhoben sie sich in die Lüfte und in Windeseile hatten sie ihr Ziel erreicht. Sie standen in einer engen Gasse der Stadt direkt am Eingang des Lokals. „Hier wirst du erleben, was es heißt, unbeschwert und ausgelassen zu leben!", versprach Mephisto seinem Begleiter und dann betraten sie die Wirtsstube. Lautes Grölen und Singen empfing die beiden Männer. Sie setzten sich zu vier jungen Burschen, die schon reichlich Wein getrunken hatten und unanständige Lieder sangen. Derbe Witze machten die Runde und die Trunkenbolde staunten nicht schlecht, als Mephisto jedem seinen Lieblingswein aus der Tischplatte fließen ließ. Ohne große Begeisterung beobachtete Faust die Geschehnisse. „Also, wenn es das ist, womit du mich überzeugen willst…" Er schüttelte angewidert den Kopf.

„Das war nur ein erster Versuch", beschwichtigte ihn Mephisto. „Du wirst sehen, die nächste Station unseres Ausflugs ist ganz nach deinem Geschmack." Die beiden verließen die Wirtsstube, stiegen erneut mit Mephistos Umhang in die Lüfte und flogen durch die schwarze Nacht zu einem abgelegenen Haus im Wald.

„Hier wird es dir gefallen!" Ein listig-lüsternes Lächeln huschte über Mephistos Gesicht, dann betraten sie einen düsteren Raum, in dem geheimnisvolle Dämpfe und Nebel waberten. Erst nach einer kleinen Weile erkannte Faust, dass sie sich in einer Küche befanden, die angefüllt war mit Spinnweben und allerlei seltsamen Gerätschaften. Über einem Herdfeuer hing ein großer Kessel, in dem es brodelte und blubberte. Eine Meerkatze hockte auf dem Topfrand und rührte gleichgültig in einem Sud. Neben ihr wärmte sich der Meerkater am Feuer und die jungen Meerkatzen spielten in einer Ecke vergnügt mit einer Weltkugel. Als wäre er zu Hause, ließ sich Mephisto in einen alten Lehnstuhl fallen, während Faust neugierig auf einen Spiegel zuging. Was er dort sah, nahm sofort seine ganze Aufmerksamkeit in Beschlag. Er konnte gar nicht genug bekommen von der wunderschönen Frau, die ihm aus dem Spiegel entgegenblickte. Ja, genau so eine wollte er haben!

Ein Brausen und Poltern holte Faust aus seiner Verzückung. Als er sich umdrehte, sah er eine wild dreinblickende Gestalt mit feuerroten Haaren, die gerade einer Rauchwolke entstieg. Zornig funkelte sie die beiden Fremden an: „Wer seid Ihr? Was wollt Ihr?"

„Ei, erkennst du deinen Herrn und Meister nicht mehr", knurrte Mephisto ärgerlich.

Die Frau erschrak. „Oh verzeiht! Aber wo sind Euer Pferdefuß und die Hörner? Und die Raben, die Euch sonst begleiten?"

„Nun, auch unsereiner geht mit der Zeit, geht mit den Moden." Mephisto fuhr sich mit den Fingern durch die Haare, sodass sie

keck nach oben standen. „Doch kommen wir zur Sache. Mein Freund hier", er deutete auf Faust, „braucht einen ordentlichen Schluck von deinem Verjüngungstrunk. Das stünde ihm gut zu Gesicht, nicht wahr?" Mephistos teuflischer Blick war auf den grauen Bart und das schüttere Haar von Faust gerichtet.

„Wie Ihr wünscht", säuselte die wilde Frau bereitwillig. Schon hatte sie einen weißen Kreidekreis um Faust gezogen und reichte ihm eine Schale mit einem dunklen Gebräu. „Trink!", forderte sie den erstaunten Gelehrten auf. Die Töpfe in den Regalen begannen zu klappern, Gläser klirrten und die Hexe raunte:

„Aus eins mach zehn,
und zwei lass gehen,
und drei mach gleich,
so bist du reich.
Verlier die Vier!
Aus fünf und sechs,
so sagt die Hex,
mach sieben und acht,
so ist's vollbracht:
Und neun ist eins
und zehn ist keins.
Das ist das Hexeneinmaleins!"

Im Handumdrehen war der magische Kreis, den die Hexe um Faust gezogen hatte, ausgewischt und mitten im Raum stand ein um viele Jahre verjüngter Mann.

Mephisto stieß einen anerkennenden Pfiff aus. „Jetzt nichts wie fort, damit dir der Wunsch nach einer schönen Frau erfüllt wird."

Wenig später schon waren Faust und Mephisto wieder in der Stadt und schlenderten über den Domplatz. Der Gottesdienst war gerade zu Ende und die Menschen strömten aus der Kirche. Da fiel Fausts Blick auf ein junges Mädchen, das noch ganz in Andacht versunken war. Sie gefiel ihm auf Anhieb und so sprach er sie an: *„Mein schönes Fräulein, darf ich wagen, meinen Arm und Geleit ihr anzutragen?"*

Das Mädchen schaute ihn verwirrt an und errötete. *„Bin weder Fräulein, weder schön, kann ungeleitet nach Hause gehn"*, erwiderte sie und ging rasch weiter.

Faust schaute verzückt der anmutigen Gestalt hinterher, bis sie nicht mehr zu sehen war. „Die muss ich haben! Die oder keine! Du musst ein Treffen mit ihr bewirken. Noch heute", forderte Faust von seinem teuflischen Begleiter. „Ich muss sie wiedersehen!"

„Leichter gesagt als getan", seufzte Mephisto. „Das Mädchen, das du begehrst, ist ein unschuldiges und gottesfürchtiges Ding. Über die hat unsereiner keine Gewalt."

„Wofür habe ich einen wie dich an meiner Seite", erwiderte Faust schroff und erinnerte ihn an die getroffene Vereinbarung.

„Schon gut, schon gut", beschwichtigte ihn Mephisto. „Will sehen, was ich tun kann. Fürs Erste musst du dich jedoch mit einem Blick in ihre Schlafkammer begnügen."

Kaum hatte das junge Mädchen am frühen Abend ihr Zimmer verlassen, um die Nachbarin zu besuchen, führte Mephisto den verliebten Faust in die Stube des Mädchens. Gerührt betrachtete er das ordentlich aufgeräumte Zimmer und malte sich ein Wiedersehen mit der Angebeteten aus.

„Du musst noch etwas Geduld haben! Mit so einem unschuldigen Ding dauert's!", erklärte Mephisto und spitzte die Ohren. „Sie kommt zurück. Wir müssen fort!" Energisch schob er den liebestrunkenen Faust aus dem Zimmer.

Es sollte eine Weile dauern, bis Fausts Wunsch in Erfüllung ging und Mephisto ein Zusammentreffen mit der Angebeteten listig eingefädelt hatte. Es war ein lauschiger Sommerabend, und Mephisto, der sich mit Marthe Schwertlein, der Nachbarin des jungen Mädchens, angefreundet hatte, besuchte diese zusammen mit Faust. Wie erhofft, war auch das junge Mädchen gerade anwesend und während Mephisto Marthe Schwertlein mit teuflischem Charme umgarnte, spazierte Faust mit dem jungen Mädchen durch den Garten. Er erfuhr, dass sie Margarete hieß und von allen Gretchen genannt wurde. Anfangs war sie schüchtern und wagte nicht, den fremden Mann anzusehen. Doch allmählich fasste sie Zutrauen und erzählte von sich und ihrer Familie. Faust lauschte beglückt, ja fast andächtig. Einmal blieb sie an einem Beet mit Sternblumen stehen, pflückte eine Blume und zupfte im Weitergehen zärtlich ein Blütenblatt nach dem anderen ab. Dabei murmelte sie: *„Er liebt mich – liebt mich nicht – liebt mich …"* Mit den Worten „Er liebt mich" fiel auch das letzte Blatt zu Boden.

Da nahm Faust gerührt ihre Hände. „Ja, er liebt dich", sagte er voller Inbrunst und schaute ihr tief in die Augen. Gretchen hielt es vor Glück nicht aus. Sie riss sich los und sprang übermütig wie ein junges Lämmchen davon, um sich im Gartenhaus zu verstecken. Faust folgte ihr und als er sie

entdeckte, ließ sie es gerne geschehen, dass er sie umarmte und küsste.

Schon am nächsten Abend spazierten sie wieder Arm in Arm durch den Garten der Nachbarin und Gretchen konnte ihr Glück nicht fassen. Ein so angesehener und kluger Mann wie Doktor Faust machte ihr, einem armen unwissenden Mädchen, den Hof!

Bald darauf trafen sie sich mithilfe von Mephisto heimlich bei Gretchen zu Hause. Das verstieß gegen Anstand und Sitte. Doch Gretchen war verliebt. Blind vor Liebe genoss sie die Stunden, die sie mit Faust verbrachte. Nur Mephisto, den mochte sie ganz und gar nicht. „Wenn ich ihn sehe, überkommt mich ein heimliches Grauen.

Und seine Gegenwart schnürt mir das Innre zu", gestand sie Faust. „Er schaut immer so spöttisch drein. Und man sieht ihm an, dass er keine Menschenseele lieben kann."

„*Du ahnungsvoller Engel du!*", seufzte Faust leise und nahm Gretchen zärtlich in den Arm.

Ein paar Tage später zog es Faust alleine hinaus in die Natur. Er hatte sich am Waldrand im Schatten einer alten Eiche niedergelassen und betrachtete nachdenklich die Landschaft. „Ist es nicht die Natur, die dem Menschen wahres Glück und Lebenskraft schenkt?", überlegte er.

„Die Natur", höhnte da auf einmal eine vertraute Stimme. „Was findest du an ihr?"

Nicht weit entfernt stand Mephisto und schüttelte sich angewidert. „Die Natur ist schrecklich öde!

Dir steckt der Doktor noch im Leib!" Mephisto warf Faust einen vielsagenden Blick zu. „Dabei wartet ein schönes Weib auf dich. Sie verzehrt sich nach dir. Kann's gar nicht erwarten, dich wiederzusehen. Na, wie wär's mit einem Stelldichein bei deinem Gretchen? Ich spiel ihr ein Liedchen, das ihr das Blut in den Adern zum Rasen bringt." Der Teufel zog eine Zither unter seinem Mantel hervor und ließ ein paar verlockende Töne erklingen. Da wurde in Faust die Sehnsucht nach Gretchen wach und ergriff ihn mit Haut und Haaren.

Am Abend zogen die beiden Männer zu Gretchens Haus. Kaum standen sie unter ihrem Fenster und Mephisto ließ auf seiner Zither die erste Strophe eines Liebesliedes erklingen, stürzte sich ein junger Mann wütend auf Mephisto, riss ihm das Instrument aus der Hand und zerbrach es. Es war Valentin, Gretchens Bruder, der bis vor Kurzem als Soldat gedient hatte und nun nach Hause zurückgekehrt war. Schreckliches war ihm zu Ohren gekommen. Seine Schwester hatte eine heimliche Liebschaft.

Was für eine Schande! „Das werdet Ihr büßen", schrie Valentin und zog seinen Degen.

Erschrocken wich Faust zurück, aber Mephisto hielt ihn fest. „Nur hiergeblieben, Herr Doktor! Nicht gekniffen. Zück deine Waffe! Ich werde dir behilflich sein." Eigentlich war Faust nicht nach Kämpfen zumute. Widerwillig zog er seinen Degen und schon schlugen die Waffen klirrend gegeneinander. Immer schneller, immer heftiger.

„Stich zu!", feuerte Mephisto Faust an und teuflisch war seine Freude, als Valentin tödlich ge-

troffen zu Boden sank. Da wurden schon in den umliegenden Häusern Fenster geöffnet. Stimmen waren zu hören und die Nachbarin eilte herbei.

„Nichts wie weg!", zischte Mephisto und zog Faust mit sich fort. „Nach Polizei und Gefängnis steht mir nicht der Sinn!"

Noch in derselben Nacht verließen die beiden Männer die Stadt. Sie flohen in eine abgelegene, unbehauste Gegend: in die urwüchsigen Wälder des Harzes. In den folgenden Wochen tat Mephisto alles, um den grübelnden, in düstere Gedanken versunkenen Faust zu zerstreuen. Da kam ihm das große Hexen- und Geisterfest, das jedes Jahr in der Walpurgisnacht auf dem höchsten Berg des Harzes ausgelassen gefeiert wurde, gerade recht. Als die Nacht hereinbrach, zog er mit Faust über schmale, holprige Pfade durch die Berge zum Brocken. Kein Mond schien, nur jede Menge Irrlichter schwirrten umher und leuchteten bald hier, bald dort. Unheimlich rauschten und plätscherten Bäche mal nah, mal fern. Mächtig brauste und heulte der Wind. Als sie sich dem Gipfel des Brockens näherten, hallten ihnen seltsame Gesänge entgegen und aus allen Richtungen nä-

herten sich geheimnisvolle Schattengebilde. Scharenweise sausten Hexen auf Besen, Stöcken, ja sogar auf Schweinen durch die Lüfte. Immer tiefer gerieten Faust und Mephisto ins laute, wilde Treiben der Hexen und Geister. Fast hätten sie sich im Gedränge verloren. Da zog Mephisto rasch seinen Begleiter hinter eine dichte Hecke. Dort prasselte auf einem Platz ein großes Feuer und ein bunter Haufen Hexen tanzte ausgelassen um die lodernden Flammen. Mephisto griff sich gleich eine hässliche Alte und wirbelte mit ihr um das Feuer. „So ist's recht!", rief er Faust zu, als er sah, dass dieser sich mit einer bezaubernd schönen Hexe im Tanze drehte. Doch plötzlich blieb Faust stehen und ließ die Schöne los.

„Was ist?", rief ihm Mephisto zu.

„Mir war, als wäre eine rote Maus aus ihrem Mund gesprungen." Verwirrt blickte sich Faust um.

„Sei froh, dass es keine graue Maus war", feixte Mephisto, der jetzt neben ihm stand.

„Siehst du dort die zarte, bleiche Mädchengestalt", flüsterte Faust und blickte wie gebannt in die nachtschwarze Ferne. „Sieht sie nicht aus wie Gretchen? Wie reglos sie dasteht! Ihre Augen sind die Augen einer Toten. Es ist Gretchen!", rief er plötzlich voller Entsetzen.
„Es ist nur ein Trugbild", beruhigte ihn Mephisto.
„Gretchen!", stieß Faust immer wieder hervor. „Gretchen! Was ist mit ihr? Wo ist sie?" Faust hörte nicht auf zu fragen, bis Mephisto ihm erzählte, was mit dem Mädchen geschehen war.
„Nun gut. Sie war schwanger von dir und hielt die Schande nicht aus, ein uneheliches Kind zu haben. So hat sie's getötet. Dafür hat man sie verurteilt. Sie ist im Gefängnis", erklärte Mephisto ungerührt.
„Du elender, miserabler Teufelskerl!", schrie Faust außer sich vor Wut. „Du erbärmlicher, bösartiger Geist, der du das alles angezettelt hat. Du musst sie befreien! Rette sie! Auf der Stelle!", forderte er zornig.
„So einfach ist das nicht", erwiderte Mephisto. „Das Einzige, was ich tun kann, ist, dem Gefängniswärter die Sinne zu vernebeln und dir den Schlüssel für ihre Kerkerzelle zu verschaffen. Wenn du sie befreit hast, erwarte ich euch mit meinen Zauberpferden draußen vor dem Kerker. Mehr steht nicht in meiner Macht." Mephisto zuckte gleichgültig die Schultern.
„Na, dann nichts wie los!", forderte Faust ungeduldig.
„Aber du weißt um die Gefahr, in die du dich begibst", warnte Mephisto. „Es lastet noch der Bann des Gerichts auf dir – wegen des Mordes an ihrem Bruder."

Doch Faust bestand darauf, Gretchen zu befreien, und zwar so schnell wie möglich. Als er ihr kurz darauf in der Kerkerzelle gegenüberstand, zerriss es ihm fast das Herz. Die blonden Haare hingen Gretchen wild ins Gesicht. Sie sah ihn mit großen, wirren Augen an und wich erschrocken vor ihm zurück. Als sie ihn endlich erkannte, warf sie sich heftig schluchzend in seine Arme und redete wirres Zeug von Mord und Schuld, von Tod und Teufel.
„Komm! Komm mit!", flüsterte Faust ihr beruhigend ins Ohr. „Vergiss alles, was war. Ich hole dich hier heraus."
Auf einmal löste sich Gretchen aus Fausts Umarmung und trat einen Schritt zurück. „*Heinrich! Mir graut's vor dir*", sagte sie in ruhigem, klarem Ton. „Ich werde nicht fliehen. Ich habe große Schuld auf mich geladen. Ich übergebe mich Gottes Gericht."
Faust war verzweifelt, konnte es nicht glauben, da packte ihn Mephisto und zog ihn aus der Kerkerzelle heraus. „Es wird schon hell! Wir müssen fort. Siehst du's denn nicht: *Sie ist gerichtet*."
„Ist gerettet!", tönte eine engelsgleiche Stimme vom Himmel. Die Kerkertür fiel krachend ins Schloss und Gretchen blieb alleine zurück.
Faust setzte, begleitet von Mephisto, seine Lebensreise fort. Und es sollten noch viele Jahre vergehen, bis der wissbegierige Doktor Faust das Glück erkannte, das er all die Jahre gesucht hatte.

„*Wer ewig strebend sich bemüht,
den können wir erlösen.*"
(Faust II, 5. Akt)

Wissenswertes zu den Werken

Götz von Berlichingen (1773)

Auf Drängen seiner Schwester Cornelia schrieb der 22-jährige Goethe in nur sechs Wochen seine Geschichte vom Ritter „Götz von Berlichingen mit der eisernen Hand", den sogenannten „Urgötz" (1771). Vorbild für die Titelfigur war der schwäbische Reichsritter Gottfried (genannt „Götz") von Berlichingen, der von 1480 bis 1562 lebte. Dessen Burg befand sich jedoch nicht wie bei Goethe in Jagsthausen, sondern in Hornberg am Neckar und auch sonst weicht Goethes Götz vom historischen Vorbild ab. Nach mehreren Überarbeitungen erschien das Theaterstück 1773 anonym im Selbstverlag. Es war die erste, große literarische Veröffentlichung Goethes – und sie sorgte wegen der ungewöhnlichen Form für reichlich Aufregung. Anders als damals üblich gibt es im Theaterstück nicht nur einen Schauplatz, sondern viele verschiedene Orte und die Handlung erstreckt sich über mehrere Jahre. Goethe orientierte sich dabei an Theaterstücken des berühmten englischen Dichters Shakespeare, den er sehr bewunderte. Ein Jahr nach dem Erscheinen wurde der „Götz" im April 1774 erstmals aufgeführt, und zwar in Berlin.

Die Leiden des jungen Werther (1774)

Goethe war noch keine 25 Jahre alt, als er im Frühjahr 1774 innerhalb weniger Wochen seinen Briefroman schrieb. Dieser erschien anonym im Sommer desselben Jahres und war sogleich ein Riesenerfolg. Ein regelrechtes „Werther-Fieber" brach aus. Überall kleideten sich junge

Männer wie Werther mit blauem Jackett und gelber Weste; es kam auch zu einigen Selbstmorden à la Werther. Für seinen Roman griff Goethe auf Erfahrungen zurück, die er selbst zwei Jahre zuvor während seiner Zeit als Praktikant am Reichskammergericht in Wetzlar gemacht hatte. Damals hatte er sich hoffnungslos in Charlotte Buff (das Vorbild für „Lotte") verliebt, die bereits mit Christian Kestner (das Vorbild für „Albert") verlobt war. Vorbild für die Figur des unglücklich verliebten Werther ist zwar auch Goethe selbst, aber vor allem sein Wetzlarer Freund Karl Wilhelm Jerusalem, der sich selbst tötete, weil er sich in eine verheiratete Frau verliebt hatte, die für ihn unerreichbar war.

Erlkönig (1782)

ist eine Ballade: das heißt ein mehrstrophiges Gedicht, das eine Geschichte – meist in Reimform – erzählt. Goethes „Erlkönig" entstand nach einer dänischen Volksballade, in der es um die Tochter eines Elfenkönigs geht. Möglicherweise war es ein Übersetzungsfehler, der aus dem dänischen „Ellerkonge" im Deutschen einen „Erlkönig" machte. Goethe kannte das Original nicht und so handelt seine Ballade von einem „Erlkönig". Er schrieb sie als Liedeinlage für sein Singspiel „Die Fischerin".

Iphigenie auf Tauris (1786)

Nach der Vorlage eines Theaterstücks des antiken griechischen Dichters Euripides („Iphigenie bei den Tauren") schrieb Goethe 1779 im Auftrag des Weimarer Hofes ein Schauspiel, das er sieben Jahre später (1786) während seiner Italienreise in Versform umarbeitete. Dann dauert es nochmals 14 Jahre, bis das Theaterstück am 7.1.1800 in Wien uraufgeführt wurde. Anders als in der antiken Vorlage ist

Goethes Iphigenie ein Mensch, der sich nicht länger dem Götterwillen unterwirft. Sie befreit sich aus dem scheinbar göttergegebenen Schicksal und übernimmt Verantwortung für ihr Handeln. Dafür – so zeigt Goethe – muss sich der Mensch von Prinzipien wie Vernunft, Freiheit, Selbstdisziplin und Wahrheit leiten lassen.

Reineke Fuchs (1793)
„Reynke de vos" heißt die Titelfigur einer 1498 in Lübeck erschienenen Geschichte, die bald im gesamten deutschsprachigen Raum bekannt war. Rasch entstand eine Vielzahl von Geschichten um den listigen Fuchs, der sich mit seinen Lügengeschichten und Bösartigkeiten immer wieder durchsetzt und am Ende als Sieger hervorgeht. Goethe lernte die Fabel schon als 16-Jähriger kennen und war begeistert von der Geschichte. Als 44-Jähriger entdeckte er den Stoff für sich, denn die Geschichte passte bestens zu den politischen Unruhen und Wirren der damaligen Zeit. So gab es in den deutsch-französischen Auseinandersetzungen, die Goethe miterlebte, einen französischen Offizier, dessen Verhalten ziemlich genau dem des listigen Reinekes entsprach: trotz aller Lügen und Gemeinheiten wusste der Offizier, seinen Kopf immer wieder zu retten.

Hermann und Dorothea (1797)
Hintergrund für das Epos (*Epos = umfangreiche gedichtartige Erzählung*) waren sowohl Erfahrungen, die Goethe während des deutsch-französischen Krieges 1796 gemacht hatte, als auch eine Kalendergeschichte aus dem Jahre 1734. Sie erzählt von einem jungen, protestantischen Mädchen aus Salzburg, das mit anderen zusammen vertrieben wird, sich in Ostpreußen ansiedelt und dort schließlich einen wohlhabenden jungen Mann heiratet. Bis ins frühe 20. Jahrhun-

dert galt „Hermann und Dorothea" neben dem Theaterstück „Faust" als das wichtigste Werk Goethes.

Der Zauberlehrling (1797)
entstand im sogenannten „Balladenjahr", als Goethe und sein Dichterkollege und Freund Friedrich Schiller sich besonders dieser Gedichtform widmeten. Es erschien in dem von Friedrich Schiller herausgegebenen Musen-Almanach. Inspiriert wurde Goethe sowohl von einer Geschichte aus dem antiken Griechenland als auch von einer Erzählung des jüdischen Predigers Rabbi Löw aus dem 16. Jahrhundert.

Faust (1808)
ist Goethes berühmtestes und meistzitiertes Bühnenstück. Viele Jahre beschäftigte er sich mit dem Faust-Stoff. Die Geschichte des Dr. Heinrich Faust, der sich der schwarzen Magie verschrieben hatte und mit dem Teufel im Bunde stand, war bereits im Mittelalter bekannt und wurde immer wieder bearbeitet. Als Puppenspiel aufgeführt, lernte Goethe die Geschichte schon als Kind kennen – und sie beschäftigte ihn sein Leben lang. Der erste Teil der Tragödie, der auch in diesem Buch nacherzählt wird, erschien erstmals 1808, Teil II 1832. Die Uraufführung von „Faust I" fand am 19.1.1829 im Nationaltheater Braunschweig statt. Heute gilt „Faust" als das meistbesuchte Theaterstück an deutschsprachigen Bühnen.

Die Erzählungen folgen den Werken Goethes. Sie erheben keinen Anspruch auf lückenlose Wiedergabe des Handlungsverlaufs der Originaltexte, entsprechen aber den inhaltlichen Kernaussagen. Bei den kursiv gesetzten Textpassagen handelt es sich um Originalzitate; alle Texte entsprechen den Regeln der neuen Rechtschreibung.

Des Dichters langer Lebenslauf in Kürze

1749–1765: Kindheit in Frankfurt
Am **28. August 1749** wurde Johann Wolfgang Goethe als erstes Kind des Kaiserlichen Rates Johann Caspar Goethe und seiner Frau Katharina Elisabeth in Frankfurt am Main geboren. Ein Jahr später kam seine Schwester Cornelia zur Welt. Mit ihr zusammen wurde er zu Hause unterrichtet, teils von Privatlehrern, teils vom Vater.

1765–1768: Leipziger Studienjahre
Auf Wunsch des Vaters begann er **1765** ein Jurastudium in Leipzig, interessierte sich aber mehr für die schönen Künste und nahm auch Zeichenunterricht. Lange schwankte er zwischen seinen beiden Begabungen: der Malerei und der Dichtkunst.

1768–1771: Frankfurt – Straßburg – Frankfurt
Als er in Leipzig schwer erkrankte, kehrte er zu seinen Eltern zurück, wurde gesund gepflegt und blieb in Frankfurt, bis er **1770** nach Straßburg ging, um dort sein Studium zu beenden. Ein Jahr später schloss er im August **1771** sein Jurastudium ab, zog erneut zu seinen Eltern, erhielt eine Zulassung als Rechtsanwalt am Frankfurter Schöffengericht und schrieb an seinem ersten Theaterstück, dem „*Götz von Berlichingen*".

1772: Praktikum in Wetzlar
Von Mai bis September 1772 arbeitete er als Rechtspraktikant am Reichskammergericht in Wetzlar und verliebte sich in die bereits verlobte Charlotte Buff. Sie wurde das Vorbild für „Lotte" in seinem Briefroman *„Werther"*.

1772–1775: Noch einmal Frankfurt
Zurück aus Wetzlar eröffnete er im Elternhaus eine Anwaltspraxis, die er in den nächsten vier Jahren allerdings recht erfolglos betrieb: Er führte nur 28 Prozesse, begann am „Urfaust" zu arbeiten, überarbeitete sein erstes Bühnenstück *„Götz von Berlichingen"*, das 1773 anonym erschien und ein Erfolg wurde, ebenso wie der ein Jahr später ebenfalls anonym veröffentlichte Briefroman *„Werther"* (1774).

1775–1786: Anstellung in Weimar
Auf Einladung von Herzog Carl-August reiste Goethe 1775 nach Weimar. Es gefiel ihm. Er blieb und erhielt 1776 eine Anstellung als Minister am Hof des Herzogs. Damit war er finanziell abgesichert. Für sein dichterisches Schaffen wurde seine Beziehung zu Charlotte von Stein, einer einflussreichen Hofdame in Weimar, sehr wichtig. Ein großer Schock war der Tod seiner Schwester Cornelia, die 27 Jahre alt war, als sie 1777 starb.

1786–1788: Italien
Um dem Druck des höfischen Lebens in Weimar zu entkommen, reiste Goethe inkognito am 3. September **1786** nach Italien, ließ sich in Rom nieder, fand Kontakt zu einem Kreis deutscher Künstler und schrieb eine neue Version seines Theaterstückes *„Iphigenie auf Tauris"*. Er blieb fast zwei Jahre in Italien; seine Erfahrungen verarbeitete er später (1816) in seinem Buch *„Italienische Reise"*.

1788–1832: Anstellung in Weimar
Nach seiner Rückkehr aus Italien fand sich Goethe nur schwer in die gesellschaftlichen Verhältnisse am Weimarer Hof ein. Bald schon verliebte sich der inzwischen 39-Jährige in die 16 Jahre jüngere Christiane Vulpius, mit der er wenig später zusammenzog. **1789** kam ihr gemeinsamer Sohn August zur Welt und im gleichen Jahr erschien das Künstlerdrama *„Torquato Tasso"*.
Ab 1794 entwickelte sich eine immer enger werdende Freundschaft zwischen Goethe und seinem Dichterkollegen Friedrich Schiller, die mehr als 10 Jahre dauerte (bis zu Schillers Tod 1805) und das Schaffen beider positiv beeinflusste. **1797** gilt als „Das Balladenjahr", in dem die beiden Dichter geradezu in einen Wettstreit traten und viele bekannte Balladen wie z. B. *„Der Zauberlehrling"* entstanden.
Die Jahre um 1800 waren eine politisch unruhige Zeit in Europa und in Deutschland. **1806** erlebte Goethe die Plünderung Weimars durch französische Truppen und heiratete in diesem Jahr – nach 18 Jahren „wilder Ehe" – seine Lebensgefährtin Christiane Vulpius.
Nach vielen Überarbeitungen erschien **1808** sein Theaterstück *„Faust I"* und zwischen **1811 und 1813** wurden die ersten drei Bände seiner autobiografischen Aufzeichnungen *„Dichtung und Wahrheit"* veröffentlicht. In den Jahren **1814/15** reiste er mehrfach nach Frankfurt und

ins Rhein-Main-Gebiet und lernte eine attraktive, junge Frau kennen: Marianne Willemer. Von ihr inspiriert und mitgestaltet entstand sein Gedichtzyklus „*Der west-östliche Diwan*".

Ein schwerer Schlag war der Tod seiner Frau Christiane **1816**. In den folgenden Jahren reiste Goethe immer wieder zur Kur und Erholung nach Karlsbad und Marienbad (in der heutigen Tschechei). In dieser Zeit entstand u. a. die „*Marienbader Elegie*". **1830** starb August, der einzige Sohn, in Rom und **1831** erschien der vierte und letzte Teil von „*Dichtung und Wahrheit*" sowie die Fortsetzung des Theaterstücks „*Faust I*": „*Faust – zweiter Teil*". Ein Jahr später starb Goethe 82-jährig nach kurzer Krankheit am **22. März 1832** in seinem Haus in Weimar.